汉语水平考试
HSK（六级）
模拟试题（一）

注　　　意

一、　HSK（六级）分三部分：

　　1. 听力(50题，约35分钟)

　　2. 阅读(50题，50分钟)

　　3. 书写(1题，45分钟)

二、　听力结束后，有5分钟填写答题卡。

三、　全部考试约140分钟(含考生填写个人信息时间5分钟)。

考卷序号	
考生序号	
姓　　名	

一、听力

第一部分

第1-15题：请选出与所听内容一致的一项。

1. A 老师误会学生了
   B 学生考试没通过
   C 学生走错了考场
   D 学生对分数有疑问

2. A 门枕石上有石像
   B 门枕石现在很少见
   C 有势力的人用门枕石
   D 门枕石放在大门底部

3. A 水杉早已灭绝
   B 水杉象征着无私奉献
   C 水杉是武汉市的市树
   D 水杉有上万年的历史

4. A 航运只运输大宗货物
   B 目前运输业形势严峻
   C 网购推动了航运的兴盛
   D 航运货值约占总货值的1%

5. A 新买的船不见了
   B 妻子打算把船卖掉
   C 李四隐瞒了买船的事
   D 李四亲自给船起了个名字

6. A 水温要在5℃以下
   B 烧伤后马上浸水会留疤
   C 烫伤处最好先用凉水冲洗
   D 烫伤后一定要立刻涂抹药膏

7. A 刷脸签到快捷高效
   B 刷脸签到有安全隐患
   C 人脸识别需人工干涉
   D 刷脸签到准确率不高

8. A 小米能促进吸收
   B 小米富含维生素
   C 小米是优质杂粮
   D 多吃小米对大脑发育好

9. A 受寒容易引发高烧
   B 春季是感冒高发季节
   C 病毒性感冒流传很慢
   D 在封闭空间更易感冒

10. A 稿子里是空白的
    B 编辑反驳了来信人
    C 编辑根本没看稿子
    D 编辑被读者投诉了

11. A 海豚用超声波分辨方向
    B "海豚音"是种夸张的说法
    C "海豚音"用来形容声音动听
    D 海豚能发出百万赫兹的超声波

12. A 诗中的"黄花"指的是兰花
    B 重阳节诗人会相约登山赏花
    C "明日黄花"比喻过时的事物
    D "明日黄花"指未盛开的花蕾

13. A 学术研究提倡创新

B 人的交际贵在真诚

C 要妥善处理人际纠纷

D "求异存同"是外交准则

14. A 雷暴会使农作物减产

B 雷暴会严重破坏大气层

C 雷暴偶尔会伴有灾害性天气

D 雷暴天气尽量少用通讯工具

15. A 冰箱越大越费电

B 冰箱内部散热条件好

C 要鼓励购买节能冰箱

D 应定期切断冰箱电源

第二部分

第16-30题：请选出正确答案。

16. A 演员更敬业
    B 主题更深刻
    C 演员要有爆发力
    D 要有深层次交流

17. A 宽松的环境
    B 充足的资金支持
    C 丰富的社会阅历
    D 敏锐的社会洞察力

18. A 剧场收益
    B 演员演技
    C 剧本来源
    D 社会舆论压力

19. A 要有舞蹈天赋
    B 要刻苦钻研剧本
    C 不要盲目崇拜明星
    D 要想好是否适合这行

20. A 对话剧前景表示担忧
    B 因出演电视剧而出名
    C 将来打算转行做导演
    D 认为付出比天赋重要

21. A 培养创造才能
    B 开发潜能、审美力
    C 揭开大自然的奥秘
    D 提供良好的人性基础

22. A 奇幻
    B 探险
    C 科普
    D 喜剧

23. A 是悲剧
    B 充满了幻想
    C 讲主人公的烦恼
    D 背景虚构，故事搞笑或热闹

24. A 幽默风趣的语言
    B 美好浪漫的结局
    C 读后的思考过程
    D 充满戏剧化的情节

25. A 作家要有超群的想象力
    B 浅阅读无法带来愉悦感
    C 文学不应一味地满足孩子
    D 儿童文学就应该追求快乐

26. A 技能熟练
    B 喜欢收藏工艺品
    C 长期从事养殖业
    D 拥有很多产品专利

27. A 敢于打破常规
    B 注重专业知识学习
    C 技术与修为相结合
    D 具备超凡脱俗的精神品格

28. A 严谨的做事风格

    B 匠人默默的付出

    C 手工艺品华丽的外表

    D 匠人刻苦钻研的态度

29. A 加强宣传

    B 建档保存

    C 提高入行标准

    D 引进先进技术

30. A 不赞成继承传统

    B 鼓励手艺人创业

    C 手工艺品的技术很容易还原

    D 培养年轻学艺人的文化认同感

第三部分

第31-50题：请选出正确答案。

31. A 接受度高
    B 海鲜较多
    C 口味偏辣
    D 食材珍贵

32. A 是文人宴会首选
    B 由扬州文人创立
    C 与扬州文化相关
    D 受到许多文人歌颂

33. A 扬州人以面食为主食
    B 国宴菜汇集各地菜系
    C 肠胃不好要少吃鲁菜
    D 广东的淮扬菜最正宗

34. A 注重捕捉灵感
    B 将诗写在陶罐表面
    C 强调进行实地考察
    D 常抒发对田园生活的向往

35. A 盛放笔墨
    B 充当摆设
    C 装废弃的稿纸
    D 收集创作素材

36. A 白居易又称"诗鬼"
    B 白居易写了上千首诗歌
    C 那些陶罐被收藏在博物馆中
    D 《白氏长庆集》由多位诗人编撰

37. A 密度更大
    B 全在海中冻结
    C 冰山顶部很平
    D 融化速度比较快

38. A 含有多种矿物质
    B 可用作淡水资源
    C 能净化海水成分
    D 可提炼出大量海盐

39. A 北极没有陆地
    B 北极有常住居民
    C 南极矿藏储量大
    D 南极平均气温更低

40. A 沙漠地区
    B 沿海地区
    C 丘陵地区
    D 盆地地区

41. A 有两面是砖墙
    B 蚝壳随意排列
    C 蚝壳墙体凹凸不平
    D 墙体厚度为50毫米

42. A 防虫
    B 防火
    C 防水
    D 冬暖夏凉

43. A 正被强制拆除
    B 几乎没留存下来
    C 被推广至其他国家
    D 成了特色旅游景点

44. A 气候潮湿
    B 地处平原
    C 淡水资源匮乏
    D 当地人爱食醋

45. A 香味
    B 甜味
    C 苦味
    D 麻辣味

46. A 人们饮食观念的改变
    B 蔬菜种植不受地域限制
    C 移民带来的饮食文化交流
    D 民间美食家的提倡和努力

47. A 南方昼夜温差大
    B 南方人冬季喜欢腌制蔬菜
    C 中国目前已形成八大菜系
    D 北方各省饮食偏好差异巨大

48. A 学校周边
    B 青少年球赛现场
    C 青少年足球俱乐部
    D 国际赛事的观众席上

49. A 有当红作家供稿
    B 签约的作家得奖了
    C 获得作家协会认可
    D 看经手的畅销书数量

50. A 打磨作品
    B 栽培作家
    C 把作家的资料给出版社
    D 发现有市场价值的作品

二、阅读

第一部分

第51-60题：请选出有语病的一项。

51. A《甘石星经》是世界上现存最早的天文学著作。
    B 语文是基础教育课程体系中的教学科目之一。
    C 她的这番话成功地打动了面试官的注意。
    D 欧阳修的母亲用芦苇秆在沙地上教他写字，还教他诵读许多古人的文章。

52. A 研究表明，服用叶酸可降低患心脏病的风险。
    B 据统计，目前全世界每年大约有15亿个左右轮胎报废。
    C 一个人如果只顾眼前的利益，得到的只会是短暂的欢愉。
    D 经过三个月的培训，新来的员工基本上了解了研发部的业务流程。

53. A 据气象台预报，今明两天多雷阵雨天气，外出需携带雨具。
    B 春风刚刚吹散雪花，芦苇就迫不及待地从泥土里探出小脑袋。
    C 人如果没有一颗宽容的心，就不会看到一个阳光明媚的世界。
    D 放慢生活节奏不但拖延时间，而是让人们在工作和生活之间找到平衡点。

54. A 宋朝的科技、文化在当时都处于世界领先水平。
    B 压力总会有，我们要做的就是学会积极面对。
    C 植物油内的不饱和脂肪酸会和空气中的氧气化学反应。
    D 我每年都和朋友一起吃年夜饭，庆祝中国的农历新年。

55. A 她紧张极了，手心里全是汗。
    B 天气晴朗时，珠穆朗玛峰峰顶常常飘浮着形似旗帜的云彩。
    C 伊春有着世界上面积最大的红松原始林，被誉为"红松故乡"。
    D 如今，拖延症已经困扰很多年轻人的问题成为了。

56. A 无论结果如何，我们都要勇敢地去尝试。
    B 这批岩画制成于不同时期，最早的距今约有2000年。
    C 舆论监督是媒体的职责所在，它体现的是一种社会责任担当。
    D 他在考虑是否应不应该放弃现在的高薪工作，自己创业。

57. A 电视剧是一种叙事艺术，它的使命是以故事为载体，传递故事背后的价值观。

B 武汉大学是大家熟知的赏樱胜地之一，每到樱花盛开之际，校园内花香四溢，游人络绎不绝。

C 传记看起来虽然真实，可未必都经得起考证；相反，小说听起来有些荒诞，却能描绘出真实的人性。

D 人们前往美术馆、博物馆等地方参加时，或多或少都带有一种朝圣的心态。

58. A 漳州木偶头雕刻，是一种传统的民间工艺，属于木偶戏道具制作中的特殊一门技艺。

B 《香巴拉深处》是中国首部全面展现四川藏区自然环境、人情世态和时代风貌的大型人文地理类纪录片。

C 每次回家看到这张全家福，我都会仔细打量照片中的每个人，并深深地陷入对往事的回忆中。

D 进入2018年后，全球股市波动加大已经表现得十分明显，但并没有引起人们过多的担忧。

59. A 鲁迅曾说："文艺是国民精神所发的火光，同时也是引导国民精神的前途的灯火。"

B 广州打造枢纽型网络城市的目的是为了达到汇聚资金和智力要素目标，以形成全球性的高端要素配置枢纽。

C 世界气象组织公布了地球气候变暖的最新报告，2015、2016和2017年是有天气记录以来全球气温最高的三年。

D 1936年《世界小史》出版后，在社会上引起强烈的反响，没过多久便被翻译成5种语言。时至今日，这本书已被翻译成18种语言，畅销全球。

60. A 莎士比亚书店是巴黎英语文学最活跃的地点，它还专门为年轻人提供免费住宿。

B 虽然不是每个人都能成为了不起的科学家、艺术家，但想象力、创造力和对未知的好奇心应存在于每个人的内心深处。

C 寻找到属于自己的方向，就像为心灵打开了一扇窗，透进来的阳光，能把整个人生都照亮。

D "贵州环雷公山超100公里跑国际挑战赛"是目前中国唯一一个多地点、多赛段、三日赛程的超长跑国际挑战赛之一。

第二部分

第61-70题：选词填空。

61. 恭王府是清代规模最大的一座王府，1851年恭亲王成为它的主人，恭王府的
_____也由此而来。恭王府历经了清王朝由鼎盛至_____的历史进程，承载
了_____丰富的历史文化信息，所以在中国有"一座恭王府，半部清代史"的说
法。

    A 称呼   衰减   相当   B 名称   衰亡   极其
    C 威望   衰退   过于   D 称号   衰弱   十足

62. 古人认为_____美食是件风雅事，而做饭有失_____。孟子也曾说："君子
远庖厨。"可苏轼是个_____，他极爱下厨房，且做出了像"东坡鱼""东坡
肉"等许多流传至今的名菜。

    A 尝试   气度   典型   B 品尝   教养   特例
    C 品鉴   身份   例外   D 鉴别   尊严   意外

63. 汉字的_____有多种说法，如"结绳""书契"等。此外，古书上还普遍
_____仓颉造字的传说。有学者认为，成系统的文字工具不可能完全由一个人创
造出来，_____仓颉，如果确有其人，那他应该是文字的整理者或颁布者，而非
文字的创造者。

    A 起源   记载   至于   B 形成   记录   反之
    C 由来   流传   况且   D 来历   采纳   即便

64. "拒买族"是指一年内除了生活必需品外，不再购买任何新东西的一类人。拒买族
看起来有些_____，但他们_____理性购物、拒绝浪费，反对泛滥的物质
_____生活的本质，让人们重新寻找生命的真正_____和快乐之源。

    A 极端   推崇   掩盖   意义
    B 偏激   倡导   遮掩   含义
    C 任性   提倡   覆盖   特征
    D 固执   崇尚   隐瞒   道理

65. 晋商，_____是指明清500年间的山西商人，其历史可以远溯到春秋战国_____。
晋商经营的行业_____盐业、票号等，其中票号最为出名。晋商也为中国留下了
丰富的建筑_____，比如远近闻名的乔家大院。

    A 通常   时期   包括   遗产
    B 宏观   岁月   涉及   财产
    C 普遍   年代   包含   奇观
    D 一般   时代   遍及   遗物

66. 凭借《八十天环游地球》《海底两万里》等"不平凡的旅行"_____科幻小说，凡尔纳为人类_____了美妙的未来场景。在凡尔纳的小说里，人物被脸谱化，小说场景变成了科技成果大_____。后来许多科学家都坦言自己是受到凡尔纳的_____才走上了科学之路。

    A 题材   阐述   事件   推理

    B 线索   确立   报告   幻想

    C 体裁   开辟   专题   启示

    D 系列   绘制   展览   启迪

67. 两个月前，在上海思南小广场多了一家30平方米大、只_____60天的"快闪书店"。这家快闪书店人气颇高。这_____与该快闪书店每天请一位作家驻店与读者交流有关，更与快闪书店_____的服务方式、给读者带来更好的阅读与购书_____密不可分。

    A 成立   即便   健全   心得

    B 开展   无非   崭新   领悟

    C 存在   固然   新颖   体验

    D 经营   势必   高超   感触

68. 期望感指的是教师对学生发展的可能性所暗含的_____。尽管有的学生在有些方面还达不到教师的_____和要求，但教师仍对学生深信不疑，挖掘学生的_____，并且给予鼓励，相信他们一定会成为_____的人才。

    A 向往   指望   能力   合算

    B 期待   希望   潜力   合格

    C 预期   渴望   价值   合法

    D 预料   展望   潜能   合理

69. 慢餐主义者认为，食物的_____只有在细细咀嚼后才能得到充分体现，而快餐使人们的口味_____，更使很多具有浓郁地方特色的传统食物逐渐消失。在快_____的今天，我们或许应该稍作停顿，慢慢地去品味食物中的美味，让那些_____消失的传统食物重新回到餐桌上。

    A 精华   精益求精   模式   面临

    B 奥秘   层出不穷   步伐   即将

    C 滋味   千篇一律   节奏   濒临

    D 风味   不相上下   频率   倾向

70. 集邮是以邮票及其他邮品为主要对象的收集、_____与研究活动。邮票有"世界_____"之称，每个国家都会在邮票上_____最具本国代表性的东西，所以小小的邮票成为了_____的博物馆。通过收集与研究各种邮票，集邮者不仅可以学到知识，还能_____一定的情操。

    A 鉴赏   名片   展示   包罗万象   培养

    B 鉴定   符号   刊登   众所周知   培植

    C 评估   图案   印制   博大精深   陶冶

    D 修复   文物   发行   名副其实   塑造

第三部分

第71-80题：选句填空。

71—75.

能在空气中不声不响移动的并不只有鸟类。研究人员表示，受到猫头鹰静音飞行的启发而建造的风电场，(71)_____，产生更多的能量。

风电场的发电原理是：涡轮机利用风力，让像推进器一样的叶片绕着转子旋转，(72)_____。不过，环保主义者们一直担心风电场的涡轮机发出的噪音会影响到陆地和海洋生物。于此同时，生活在风电场附近的居民也希望它能安静运行。

因此，研究人员开始在猫头鹰身上寻求灵感，(73)_____，捕猎时它那能消声的翅膀往往使猎物浑然不觉。研究人员发现，猫头鹰在飞行时，较宽的翅膀加上均匀分布的羽毛能分散声波，防止声波累积而产生噪音。同时，(74)_____，从而达到消音效果。

接下来，研究人员开始仿制猫头鹰的"翅膀"：他们找来一个机翼，并且在机翼上加装了一些在表面边缘来回滑动的翼片。翼片像猫头鹰的羽毛一样均匀分布，这样能分散机翼的表面压力，从而减少其产生的声波。(75)_____，这种仿制的"翅膀"能将噪音大大减少。

A 进而产生零排放的电力

B 可以在不打扰附近居民的情况下

C 相较于没有翼片的机翼

D 因为猫头鹰是出了名的"沉默捕食者"

E 厚厚的绒毛也减少了翅膀表面的气压

76—80.

当你在热带雨林漫步时，会感觉到"雨点"滴滴答答地从天上散落下来。如果你仔细观察，就会发现，这些"雨点"是从一些下层树木的叶片上流淌下来的。

(76)_____，水滴从叶面汇集到尾巴，再沿着尾巴流向叶尖，最后滴落下来，人们称其为"滴水叶尖"。在诸多植物中，(77)_____，其叶尖可长达数厘米。

"滴水叶尖"的形成与赤道附近高温多雨的气候有关。(78)_____，相对湿度可达90%以上，空气中的水汽常在叶片的表面结成一层水膜，再加上热带雨林的土壤湿度大，植物根系也在吸收水分，使得吸饱了水的叶片在进行呼吸时，很容易产生水汽，(79)_____。为了排走这些水膜，植物历经千百万年的进化，最终它们的叶片形成了尾状叶尖，下垂的尾状叶尖更易于引导叶片表面的水膜汇集在一起，变成水珠流淌下去，(80)_____。这样既有利于叶片的蒸腾作用，又避免了被一些微小生物如菌类、苔藓、藻类等侵袭和遮盖，妨碍其进行光合作用；同时还可以冲掉一些附着在叶面的幼虫和其他可溶性物质，减少病虫害，促进叶面呼吸。

A 因此特别容易在叶子表面形成水滴

B 最为典型的是菩提树

C 热带雨林的内部非常潮湿

D 这些叶片都有着尖而细长的尾巴

E 从而使叶片迅速变干

第四部分

第81-100题：请选出正确答案。

81—84.

当前，全球多个国家已开始向"无现金社会"转变，中国的杭州、北京、上海等城市也相继宣布加入"无现金城市"计划。毋庸置疑，"无现金社会"给人们的生活带来了各种便利，但新的支付方式是否应该完全取代纸币这一问题仍存在较大的争议。

推广"无现金社会"对于社会和个人都有很多积极意义，首先，它可以节约社会资源。在中国，无论是古时候的金锭、银锭、铜板，还是今日的硬币和纸币，流通久了都面临着残缺、损耗的问题。而移动支付改变了货币存在的形式，节约了资源。其次，可以减少疾病传播。众所周知，纸币和硬币流通广泛，很多细菌和疾病会通过货币传播，威胁人的健康，而取消现金交易能减少疾病和细菌的间接传播。最后，推广"无现金社会"能够杜绝假币，使人免受假币的侵害。

然而，推广"无现金社会"也面临着一些问题。在安全方面，由于电子支付的每一笔交易信息都能被追踪到，这极易导致个人隐私被非法泄露。而且还有一部分人，他们可能在银行没有账户，可能不会使用手机甚至没有手机进行支付，他们在"无现金社会"中如何生活也是一个大问题。此外，目前移动支付的载体大都集中在手机上，手机一旦丢失、损坏或者关机等都会给支付带来麻烦。

"无现金社会"的愿景虽好，但不能只从技术层面推动其发展。在电子支付方式日益冲击现金支付的情况下，如何让现金支付与电子支付并存，如何填补无现金支付的漏洞、保护公民的个人隐私等，都是有待解决的问题。

81. 下列哪项不属于"无现金社会"带来的好处？

A 更干净、卫生　　　　　　　B 不会收到假币

C 预防货币贬值　　　　　　　D 防止资源浪费

82. 根据第3段，可以知道什么？

A 电子支付有助于记账理财　　B 手机是电子支付的唯一载体

C 手机支付已经大规模普及　　D 电子支付有安全隐患

83. 为了有效推进"无现金社会"的发展，应该：

A 加大优惠力度　　　　　　　B 保护公民的个人隐私

C 改善实体店的服务质量　　　D 加强消费者的维权意识

84. 最适合上文的标题是：

A 全球"去现金化"的现状　　B 科技改变支付方式

C "无现金社会"的喜与忧　　D 古今货币的发展历程

85—88.

一名艺术家正在用行动，造福成千上万只生活在世界各国城市里的鸟儿。他认为人类应该和其他物种和谐共处，于是便利用废弃木料，为所到之处的鸟儿筑造家园。

在过去的7年间，他在世界各地筑造了3500多个鸟巢。他认为，鸟儿是少数仍旧居住在城市里的动物，一定要确保它们能够继续居住下去，人们在城市里也要为鸟儿留出生存空间。

这位艺术家有一个大工作坊，里面堆满了各种"垃圾"，都是他定期在城市里收集的木材及其他废弃材料。他设计制造的鸟巢完全由这些废弃材料制成，外观童真有趣、各式各样。他有时会模仿猫头鹰、鹦鹉等的外形来雕刻许多鸟巢，有时也会制造"伪装"的鸟巢，使其和城市环境融为一体，让小鸟住得更加安心。他说："我希望通过<u>这种方式</u>告诉世人，垃圾中也能诞生出美丽，并号召大家减少对地球资源的浪费。"

目前，他找到了一家企业进行合作，利用他们的废弃木材大规模筑造鸟巢。他希望通过此次合作，能让更多人参与到保护鸟类的活动中来，同时传播资源循环利用以及关爱世界的理念。他也梦想着将来能在工作坊旁边开一个大型回收厂，收集并利用更多"垃圾"。如果这个梦想实现了，他还想创立一所学校，专门教人们如何循环利用废料。

85. 那位艺术家设计的鸟巢有什么特点？
   A 富有童趣　　　　　　　B 易于拆装
   C 都很仿真　　　　　　　D 牢固耐用

86. 第3段中的画线部分"这种方式"指的是：
   A 收集废弃材料　　　　　B 用废弃材料做鸟巢
   C 饲养猫头鹰、鹦鹉等鸟类　D 分发保护鸟类的宣传册

87. 那位艺术家对未来有什么规划？
   A 寻找合作企业　　　　　B 创设鸟类保护基金
   C 建校传播他的理念　　　D 优化垃圾处理方式

88. 下列哪项是那位艺术家的观点？
   A 循环利用废料能创造财富　B 保护地球是迫在眉睫的事
   C 企业应减少污染物排放　　D 城市中应有鸟儿的容身之处

89—92.

当下，你会发现城市中有越来越多的人在夜跑。这与中国日益火爆的马拉松赛事是分不开的。有数据披露，2014年中国举行的业余马拉松42公里赛跑仅有53场，2015年增加到了134场，2016年更是超过了200场，有专家预计，到2020年，中国举办的马拉松很可能会超过500场！

其实所有的运动项目都可以增进人的健康。可为什么唯独马拉松最近如此受关注呢？深究其原因，便可发现这是因为马拉松的核心价值，更多体现在人的心智层面，而不是人的身体层面。具体表现在三个方面，第一，人格的锻造；第二，意志的磨炼；第三，心智的提升。现代社会的生活节奏越来越快，大家面对的问题也越来越多，其中第一个问题就是要面对我们自己，只有把自己认识透了才能最终解决问题。而马拉松正好给了人们这样一个机会，让他们可以通过设定一个目标来实现自我激励、自我肯定、自我管理和自我完善。这也正是马拉松的核心价值所在。

此外，经济效益也是跑马热的重要驱动力。因为每场马拉松比赛背后都有一个巨大的消费市场。以2015年为例，中国马拉松跑手平均每人花在跑步装备上的钱为2524元。那些曾经属于专业运动领域的训练装备现在也变得流行起来。

而对于一个城市来说，举办马拉松赛事无论对经济还是文化都会有所裨益。从经济发展看，马拉松热可以带动赛事相关产业发展，对于城市的消费以及旅游业也会有所影响。在文化事业方面，举办马拉松能够带动市民参与体育锻炼，同时增进市民对城市的认同感，还能提升城市文化的吸引力和辐射力。此外，赛事的举办还会促使政府进行城市环境综合治理，改善城市生态环境。

89. 马拉松备受关注的原因是什么？
    A 能让人拥有好身材   B 能磨炼人的心智
    C 明星的带头作用   D 人们追赶运动潮流

90. 根据第3段，促使马拉松发展的动力是什么？
    A 国际运动赛事的增加   B 日益增长的市场
    C 政府政策的积极引导   D 人们生活观念的转变

91. 城市举办马拉松的好处不包括：
    A 推动相关产业发展   B 使市民锻炼更积极
    C 督促政府治理环境   D 改善市区道路规划

92. 最适合做上文标题的是：
    A 怎样备战马拉松   B 关于马拉松的争议
    C 马拉松热席卷中国   D 中国马拉松的发展趋势

93—96.

字库塔是中国古代专门用来焚烧字纸的建筑，又叫做"敬字亭""焚字炉"。据史料记载，字库塔始建于宋代，元明清时期已经相当常见了。

字库塔通常被建在乡镇的街口、书院寺庙内以及道路桥梁旁边，有的大户人家的院内也会建有字库塔。塔中多供奉着孔子、"造字圣人"仓颉等，并配有相应的对联和吉祥图案等。

从外观来看，字库塔的造型与风格各不相同，但多数采用六角柱体或八柱体，也有一些是四柱体。塔身通常有一个小孔，或方、或圆、或倒U形，字纸便是从这个小孔处被投入焚烧。有的字库塔的塔顶及塔身<u>雕梁画栋</u>，特色突出；有的则青砖碧瓦，素雅古朴，未加太多修饰。

那么，古人为什么要专门修建一座塔来焚烧有字的废纸？这其实是受传统文化中"惜字如金""敬天惜字"的观念影响而形成的一种习俗。在古代，不用的字纸是不能随意丢弃的，需要统一收集起来，放到字库塔内集中焚化。焚烧字纸时不仅有专人负责，还有专门的礼仪，场面非常壮观。另外，字库塔的兴起与中国古代科举考试的盛行也是分不开的。在古代，普通百姓要想入仕为官，往往只能通过科举考试，因此"学而优则仕"的观念深入人心。崇拜文化、尊重读书人的社会风气进而演变成了对文字的崇拜，字库塔自然而然就成为了文字和文化的载体，受到人们的膜拜。

93. 关于字库塔的造型，可以知道：

A 风格各异　　　　　　　　　B 有8层楼高

C 塔身有许多小孔　　　　　　D 大多采用四柱体

94. 第3段中的画线词语"雕梁画栋"最可能是什么意思？

A 结实耐用　　　　　　　　　B 装饰华丽

C 生动逼真　　　　　　　　　D 趣味十足

95. 关于焚烧字纸的过程，可以知道什么？

A 会先将字纸分类　　　　　　B 很讲究礼仪

C 不允许随便围观　　　　　　D 会象征性地烧书信

96. 根据上文，下列哪项正确？

A 字库塔兴起于元朝　　　　　B 字库塔都设在公共场合

C 皇帝会来字库塔前祭拜　　　D 字库塔的普及反映了文化崇拜

97—100.

历史上，唐朝有一段时期遭遇了严重的通货膨胀，首都长安的米价飙升，百姓无米下锅。这使当朝皇帝唐代宗坐立不安，他把希望都寄托到漕运上，希望能从江南调来粮食以解燃眉之急。

负责漕运的是有"大唐财相"之称的刘晏，他也是唐代著名的经济改革家。谁都知道这不是一个好差事，因为此前长达8年的战争使运河长期失修，河道淤积，无法行船，而且漕运里程长达1500公里。可刘晏却胸有成竹，他亲自沿途考察了一番后，立即着手漕运改革的一系列工作。

为了解决河道运输问题，刘晏设计路线、清理河道，花重金建了10个造船厂，制造了2000艘运输船，并雇用了一批专门的船工、装卸工等。这引起了不少官员的不满，他们认为目前国家财政紧张，应厉行节约，可刘晏花钱却大手大脚，仅付给船工的工钱这一项就是一笔巨大的开销。宰相元载质问刘晏，并让他削减成本。刘晏却答复说："做大事业就不能太计较钱财，凡事都应考虑到长久的利益。如果连船工的工钱都要计较，这项事业怎么能做长久呢？"

由于航运里程较长，刘晏将过去的直运法改为"四段运法"，即将全程分成4个运输段，每段配备规格合适的运输船，并在河道的交界枢纽处修建粮仓。运粮船只负责将粮食运到本段水路边界，卸货后即可返航，然后下一段水路再安排新的船只运输，以此类推。这种运输方式不仅提高了运粮效率，还大大减少了翻船事故的发生。此外，为保证运粮工作顺利进行，刘晏训练军士运粮，每10艘船为一队，由军官负责押运。

过去的粮船在直运过程中风险很多，一路上会损失不少粮食，而改为分段接运和雇工制之后，不仅保证了船舶安全，还调动了工人的积极性，粮食几乎没有损失。刘晏的改革解决了粮荒问题，粮价日趋稳定，长安又恢复了往日的繁荣。

97. 对于接管漕运这个工作，刘晏是什么态度？

    A 诧异万分   B 感到绝望

    C 信心满满   D 兴高采烈

98. 为什么有人反对刘晏的改革？

    A 触犯了自己的利益   B 怀疑他贪污国家钱财

    C 破坏了河道生态平衡   D 认为他浪费国家钱财

99. 下列哪项不属于刘晏漕运改革的内容：

    A 雇用专人装卸货物   B 统一全程的运输船规格

    C 分4个河段运送粮食   D 在河道交界枢纽处修建粮仓

100. 根据上文，可以知道：

    A 刘晏的改革成果显著   B 刘晏对船工特别吝啬

    C 皇帝把刘晏调到了江南   D 刘晏得到百姓和士兵们的拥护

三、书写

第101题：缩写。

（1）仔细阅读下面这篇文章，时间为10分钟，阅读时不能抄写、记录。

（2）10分钟后，监考会收回阅读材料。请将这篇文章缩写成一篇短文，字数为400字左右，时间为35分钟。

（3）标题自拟。只需复述文章内容，不需加入自己的观点。

（4）请把短文直接写在答题卡上。

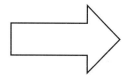

在人群熙熙攘攘的街头，一群年轻人正拿着调查问卷，让路人为两款车的外观打分。在调查问卷上，第一款车柔美温和，第二款车则狂野奔放。很快，路人就根据自己的喜好分别给两款车的外观打了分数。

几天后，一个名叫菲比的小伙子集中整理了这些收集回来的问卷数据，然后提交给自己的上司——一家汽车总公司产品开发的副总裁卢茨。原来，这家汽车公司刚刚开发出一款性能优越的汽车，但公司高层对这款车的外观风格形成了两种截然相反的意见：一部分人觉得这款车应该搭配柔和的外形，而另一部分人却觉得狂野奔放的外形更有市场。在大家都拿不定主意的情况下，卢茨提出让大众来选择并决定这款新车的外形。

菲比是卢茨的助手，他提供的调查数据一目了然——满分是10分，第一款车的平均得分为7.5分，而第二款车的平均得分只有5分。卢茨扫了一眼两款车最后的平均得分，然后拿过菲比手中那一沓厚厚的调查问卷，一张一张地翻看起来。看着看着，他开心地笑了起来。菲比问："您是不是决定好了要选择7.5分的这款外形？"没想到卢茨却坚定地回答："不！我们要推出的是只得了5分的这款。"菲比一脸疑惑，卢茨打开了手中的一张张调查问卷，并解释说："你看，得5分的这款，很多人给它打了9分，甚至还有满分，也有很多人给它打了1分甚至是零分，这表示，有人极其喜欢它，有人则对它完全没有兴趣；而得7.5分的这款，问卷里打的分数几乎都是7分左右，这表示，尽管没有人讨厌它，但也没有人喜爱它到非要购买它的程度。现在的汽车行业竞争十分激烈，市场已经接近饱和。要想让我们的产品在市场上占有一席之地，我们必须要找准定位，挖掘潜在的客户！那些给狂野奔放款车打了高分的少数人，才是将来真正有可能购买我们汽车的潜在客户呀！"

卢茨独到的分析让菲比心服口服。很快，公司就按照"为少数人而开发新产品"的思路，推出了拥有狂野奔放型外观的新车。卢茨的眼光果然很准，这款新车刚一上市就受到了一些人的狂热追捧，并很快销售一空。

这次销售成功，给许多企业一个深刻的启示——推出新产品时，多数人的满意往往比不上少数人的狂热。这是因为，大多数持满意态度的人，通常只是到了喜欢的程度，但少数狂热的人，他们的内心却有着强烈的购买欲望。而后者，才是企业盈利的关键。

汉语水平考试　HSK（六级）　答题卡

一、听力

1. [A] [B] [C] [D]　　6. [A] [B] [C] [D]　　11. [A] [B] [C] [D]　　16. [A] [B] [C] [D]　　21. [A] [B] [C] [D]
2. [A] [B] [C] [D]　　7. [A] [B] [C] [D]　　12. [A] [B] [C] [D]　　17. [A] [B] [C] [D]　　22. [A] [B] [C] [D]
3. [A] [B] [C] [D]　　8. [A] [B] [C] [D]　　13. [A] [B] [C] [D]　　18. [A] [B] [C] [D]　　23. [A] [B] [C] [D]
4. [A] [B] [C] [D]　　9. [A] [B] [C] [D]　　14. [A] [B] [C] [D]　　19. [A] [B] [C] [D]　　24. [A] [B] [C] [D]
5. [A] [B] [C] [D]　　10. [A] [B] [C] [D]　　15. [A] [B] [C] [D]　　20. [A] [B] [C] [D]　　25. [A] [B] [C] [D]

26. [A] [B] [C] [D]　　31. [A] [B] [C] [D]　　36. [A] [B] [C] [D]　　41. [A] [B] [C] [D]　　46. [A] [B] [C] [D]
27. [A] [B] [C] [D]　　32. [A] [B] [C] [D]　　37. [A] [B] [C] [D]　　42. [A] [B] [C] [D]　　47. [A] [B] [C] [D]
28. [A] [B] [C] [D]　　33. [A] [B] [C] [D]　　38. [A] [B] [C] [D]　　43. [A] [B] [C] [D]　　48. [A] [B] [C] [D]
29. [A] [B] [C] [D]　　34. [A] [B] [C] [D]　　39. [A] [B] [C] [D]　　44. [A] [B] [C] [D]　　49. [A] [B] [C] [D]
30. [A] [B] [C] [D]　　35. [A] [B] [C] [D]　　40. [A] [B] [C] [D]　　45. [A] [B] [C] [D]　　50. [A] [B] [C] [D]

二、阅读

51. [A] [B] [C] [D]　　56. [A] [B] [C] [D]　　61. [A] [B] [C] [D]　　66. [A] [B] [C] [D]　　71. [A] [B] [C] [D] [E]
52. [A] [B] [C] [D]　　57. [A] [B] [C] [D]　　62. [A] [B] [C] [D]　　67. [A] [B] [C] [D]　　72. [A] [B] [C] [D] [E]
53. [A] [B] [C] [D]　　58. [A] [B] [C] [D]　　63. [A] [B] [C] [D]　　68. [A] [B] [C] [D]　　73. [A] [B] [C] [D] [E]
54. [A] [B] [C] [D]　　59. [A] [B] [C] [D]　　64. [A] [B] [C] [D]　　69. [A] [B] [C] [D]　　74. [A] [B] [C] [D] [E]
55. [A] [B] [C] [D]　　60. [A] [B] [C] [D]　　65. [A] [B] [C] [D]　　70. [A] [B] [C] [D]　　75. [A] [B] [C] [D] [E]

76. [A] [B] [C] [D] [E]　　81. [A] [B] [C] [D]　　86. [A] [B] [C] [D]　　91. [A] [B] [C] [D]　　96. [A] [B] [C] [D]
77. [A] [B] [C] [D] [E]　　82. [A] [B] [C] [D]　　87. [A] [B] [C] [D]　　92. [A] [B] [C] [D]　　97. [A] [B] [C] [D]
78. [A] [B] [C] [D] [E]　　83. [A] [B] [C] [D]　　88. [A] [B] [C] [D]　　93. [A] [B] [C] [D]　　98. [A] [B] [C] [D]
79. [A] [B] [C] [D] [E]　　84. [A] [B] [C] [D]　　89. [A] [B] [C] [D]　　94. [A] [B] [C] [D]　　99. [A] [B] [C] [D]
80. [A] [B] [C] [D] [E]　　85. [A] [B] [C] [D]　　90. [A] [B] [C] [D]　　95. [A] [B] [C] [D]　　100. [A] [B] [C] [D]

二、阅读

101.

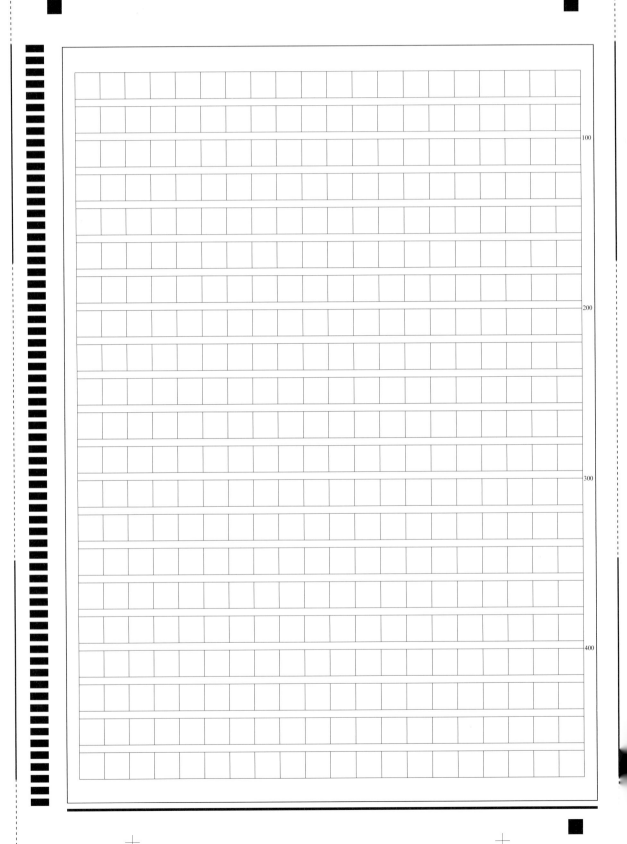

汉语水平考试
HSK（六级）
模拟试题（二）

注　　　意

一、 HSK（六级）分三部分：

　　1. 听力(50题，约35分钟)

　　2. 阅读(50题，50分钟)

　　3. 书写(1题，45分钟)

二、 听力结束后，有5分钟填写答题卡。

三、 全部考试约140分钟(含考生填写个人信息时间5分钟)。

考卷序号	
考生序号	
姓　　名	

一、听力

第一部分

第1-15题：请选出与所听内容一致的一项。

1. A 易元吉喜好打猎
   B 易元吉擅长画山水画
   C 易元吉是唐代的大画家
   D 易元吉常常观察绘画对象

2. A 七月要注意避暑
   B 农历七月是最干燥的季节
   C "七月流火"形容风景优美
   D "七月流火"原指天气转凉

3. A 虚拟现实技术能模拟场景
   B 虚拟现实技术已十分成熟
   C 自闭症儿童依赖虚拟游戏
   D 虚拟现实游戏可预防自闭症

4. A 铜的回收率低
   B 铜的寿命比较短
   C 铜制品在夏商周已普及
   D 铜在古代只能制造兵器

5. A 好友没去看望我
   B 好友约我去医院
   C 我病得非常严重
   D 好友没有回复信息

6. A 点将台是祭祀场所
   B 点将台有军事用途
   C 九门口点将台最为古老
   D 九门口点将台已被损毁

7. A 快餐风味更佳
   B 吃粗粮能促进消化
   C 吃粗粮容易有饱腹感
   D 吃快餐应搭配一定的粗粮

8. A 教育界要开发益智玩具
   B 九连环应用了数学原理
   C 益智玩具能测试人的智商
   D 中国古典益智玩具不再流行

9. A 不要委曲求全
   B 难以实现互利共赢
   C 要维护自身的利益
   D 合作时要适当地让步

10. A 五羊仙舞现已失传
    B 羊是广州的吉祥物
    C "五羊"是帝王的代名词
    D 五羊仙舞可用来祈祷丰收

11. A "大时"沿用至今
    B 时辰是根据生肖制定的
    C 一个时辰等于三个钟头
    D "小时"的来历与钟表有关

12. A 拙政园位于北京
    B 拙政园园中有茶馆
    C 拙政园有江南水乡的特色
    D 拙政园以前是皇帝的花园

13. A 启蒙教育很关键

B 教育要讲究循序渐进

C 教育是为了传授知识

D 教育的宗旨是让人成长

14. A 阳关曾经是交通要道

B 阳关在古代盛产瓜果

C 阳关如今已不再繁华

D 阳关曾做过古代都城

15. A 午休至少要半个小时

B 睡眠不足会降低工作效率

C 工作时的短时休息有益健康

D 短时休息能弥补熬夜的损害

第二部分

第16-30题：请选出正确答案。

16. A 最佳的教学模式
    B 偏远地区的教学平台
    C 主流教育资源的补充
    D 线下授课的必经之路

17. A 提前录制课堂
    B 使学习不再枯燥
    C 鼓励学生去自主学习
    D 安装先进的教学设备

18. A 交互性强
    B 性价比高
    C 科目齐全
    D 受众范围广

19. A 邀请名师
    B 提醒学生上课
    C 能联系上助教
    D 可以批改作业

20. A 备课更耗时
    B 比录播有趣
    C 师生接触得多
    D 未来会替代录播

21. A 色调暗
    B 纯手绘
    C 题材特殊
    D 情节简单

22. A 多取材于童话
    B 愈加偏教益性
    C 拍摄手法趋同
    D 受众逐渐多样化

23. A 紧跟市场潮流
    B 开阔的创作思路
    C 改编原作的能力
    D 卓越的叙事能力

24. A 内容低幼化
    B 后期跟不上
    C 武侠传说偏多
    D 比较脱离现实

25. A 鼓励原创作品
    B 争取政府支持
    C 引进国外资源
    D 改进动画特效

26. A 能提升知名度
    B 避免发生失误
    C 有利于突破自我
    D 能一直追随潮流

27. A 房主的活动习惯
    B 物业的职责范围
    C 小区的周边配置
    D 房主从事的职业

28. A 采用环保材质

B 让家人参与其中

C 增添流行的元素

D 优先满足老人的需要

29. A 回归生活的本质

B 使建筑与众不同

C 彰显客户的品味

D 保证房屋逐渐增值

30. A 家具的摆放

B 灯具的款式

C 壁纸与地毯的色调

D 灯光的照射角度和距离

第 三 部 分

第31-50题：请选出正确答案。

31. A 编纂典籍
    B 铺设道路
    C 兴建水利工程
    D 开办佛教寺院

32. A 想送给陆绩作纪念
    B 担心船被风浪掀翻
    C 为了堵住船的漏洞
    D 要带回家做房地基

33. A 一帆风顺
    B 待人诚挚
    C 锲而不舍
    D 为官廉洁

34. A 跑道
    B 起落架
    C 飞机拖车
    D 飞机引擎

35. A 一个国家的材料水平
    B 人类航天史上的飞跃
    C 一个国家的军事实力
    D 新能源开发有所进步

36. A 韧性好
    B 可塑性差
    C 已投入应用100多年
    D 能用来制造精美首饰

37. A 戒烟戒酒
    B 每日读10分钟书
    C 逐渐加大健身强度
    D 假期每天打打游戏

38. A 趣味性强
    B 后期回报多
    C 没有人监督
    D 大脑负担轻

39. A 磨砺个人意志
    B 加强自我反思
    C 促使人不断进取
    D 养成乐观的心态

40. A 容易爆炸
    B 产生毒物质
    C 保温性太差
    D 生产时耗能大

41. A 耐压
    B 透气
    C 便携
    D 安全

42. A 无色透明
    B 不易分解
    C 对光很敏感
    D 本身有臭味

43. A 啤酒的加工与存放

    B 如何防止啤酒变质

    C 玻璃瓶的多种用途

    D 用玻璃瓶装啤酒的原因

44. A 竞争残酷

    B 非常时髦

    C 能开拓视野

    D 既轻松又赚钱

45. A 定居在海外

    B 是名销售员

    C 跳槽很频繁

    D 在旅行社打工

46. A 检测房间网络速度

    B 拍照记录室内的情况

    C 随机采访酒店的客人

    D 观察酒店人员的仪表

47. A 试睡员的待遇不错

    B 试睡员由酒店雇佣

    C 试睡员要写总结报告

    D 王强只点评外国的酒店

48. A 可自由迁移

    B 对水的需求低

    C 拥有改造环境的本领

    D 对外界变化更加警觉

49. A 预测天气的变化

    B 便于进行光合作用

    C 吸引昆虫传播花粉

    D 随外界变化调节自身

50. A 细胞是在17世纪发现的

    B 榆树会分泌有毒化学物质

    C 植物无法抵抗害虫的入侵

    D 遗传学定律源于对黄豆的研究

二、阅读

第一部分

第51-60题：请选出有语病的一项。

51. A 工作只有社会分工之别，没有高低贵贱之分。
    B 越是荆棘丛生的路，坚持到最后得来的成功才显得越不平凡。
    C 经济酒店通常地理位置方便、价格便宜，但在舒适性方面有所欠缺。
    D 冰川是雪域高原的固体水库，在高原的水循环中发挥着极其重要的。

52. A 滥用安非他命类药物很可能会导致体温上升，危害身体健康。
    B 在这里，几乎每座院落都称得上算是陕西四合院民居的范本。
    C 中国传统文人审美中的寄情山水、抚琴对弈，可谓惬意至极。
    D 二十四节气是中国人通过观察太阳周年运动而形成的时间知识体系。

53. A 轻易品评他人好坏，于人于己，都十分轻率。
    B 大理地处低纬高原，常年气候温和，干湿季分明。
    C 为了保护手机并达到美观的效果，不少消费者会给手机套上手机壳。
    D 在这春意盎然的日子里，把紫金花海让这条街道装点得格外美丽。

54. A 这款空调定价较高但性能一般，上市后反响平平。
    B 生活中，有些人因贪图一时的"甜头"，最后尝尽了"苦头"。
    C 在如何调动学生学习积极性这个方面，年轻教师做得比较好。
    D 小米是中国古人最早种植的粮食作物，距今大约有7000多年的种植历史。

55. A 看着患者脱离了危险，医生和护士们都松了一口气。
    B 原阳大米晶莹剔透、营养丰富，有"中国第一米"之称。
    C 这些钱如果不用来投资，即便若干年之后购买力会大大地降低。
    D 每天做点儿你不愿做的事，能使你养成认真尽责而不以为苦的习惯。

56. A 这首歌的歌词写的是梦想与现实的矛盾。
    B 赛场上最重要的不是名次，而是坚持到底的勇气。
    C 在实施计划时，适当给自己压力有助于提高效率。
    D 经过动物保护人员多年努力的，湖北神农架的金丝猴现已得到有效保护。

57. A 对于未来，除了计划继续环游世界外，他还想制作了一部影片，与更多的人分享自己的经历。

   B 口技是杂技的一种，表演者用口摹仿各种声音，使听众产生身临其境的感觉。

   C 在野生动物专家的帮助下，警方确认这是一只尚未成年的雄性蜂猴，为国家一级保护动物。

   D 中国古人把一夜分为五更，按更击鼓报时。从晚上七时开始起更，一更代表一个时辰，相当于现在的两个小时。

58. A 眼睛及其周围的皮肤很容易受到紫外线的伤害，因此我们夏天出门时，最好戴上太阳镜。

   B 这届暑期狂欢节特地设置了"老北京文化街"，有评书、吹糖人等多种北京传统民俗表演，让游客们大饱眼福。

   C 在胶片行业面临被新技术颠覆的时期，富士胶卷经历了最艰难的裁员和传统业务收缩后，开始了对新业务的探索。

   D 樱桃鲜嫩多汁，酸甜可口，多种营养物质，还有美容养颜的功效，深受人们喜爱。

59. A 广西传统文化既具有典型的本土特色，同时又受到中原文化、客家文化和湘楚文化的共同影响。

   B 黎族是海南独有的少数民族，也是海南岛上最早的居民，他们在此定居已超过3000年。

   C 中国的园林建设有2000多年的历史，最终形成了皇家园林、寺观园林和私家园林三足鼎立的格局。

   D 大量研究表明，苹果富含叶酸，能有效防止降低心脏病的发病率，尤其适合中老年人食用。

60. A 装载着来自中国的大熊猫"华豹"和"金宝宝"的专机于1月18日顺利抵达赫尔辛基万塔国际机场。

   B 苗年是苗族人民最重大的传统节日。苗族人会通过吹芦笙、唱苗歌、跳苗舞等活动来庆祝这一节日。

   C 这张照片为我们展览了极光之美，照片中晴朗的夜空被满天的极光装点得异常明亮。

   D 剧透是指在电视节目还未上映或完结前，提前告诉他人节目相关内容或结果的一种行为。

第二部分

第61-70题：选词填空。

61. 墨脱境内有两座喜马拉雅山脉的高峰，像两_____高不可攀的围墙，将之与外界隔绝。在如此独特环境下_____而生的墨脱，不仅有着_____的绝世美景，更生长着80多种国家级重点保护植物，因此它还有"生物宝库"的美誉。

    A 片   培育   纯粹   B 栋   发育   典型
    C 堵   孕育   天然   D 艘   养育   壮观

62. 德国哲学家康德曾说："世界上最使人_____的两样东西，是头顶的星空和心中的道德律。"而哲学_____是做两件事：一是思考头顶的星空、世界的本相；二是思考心中的道德律和做人的_____。

    A 畏惧   姑且   公道   B 敬畏   无非   道理
    C 崇拜   势必   教养   D 钦佩   明明   奥秘

63. 电影翻译受到演员口型和语言长度的_____，即便是字幕版也不能超出原对白长度太多，更不能为了对话方便而_____对白位置，_____会造成台词原文和字幕翻译无法对应，给观众带来不便。

    A 限制   颠倒   不然   B 束缚   修改   以便
    C 局限   调整   尚且   D 约束   纠正   要是

64. 有心理学家认为，_____学生学习的基本动机分为两种：一种是社会交往动机，另一种是_____动机。前者表现为学生愿意为他喜欢的老师努力学习，从而获得老师的表扬、_____师生感情等；后者则表现为希望通过学习赢得别人对自己的尊重、获得他人_____等。

    A 促进   声誉   增涨   鼓励
    B 调动   信誉   递增   信任
    C 鞭策   名誉   增添   认可
    D 驱使   荣誉   增进   肯定

65. 网络流行词"佛系青年"，是指那些在快_____的都市生活中，_____平和、淡然的生活方式的年轻人。他们构建起了一_____看淡一切、对很多事情无需太过_____的"佛系"理论。实际上，这种生活方式何尝不是年轻人在社会压力下应对焦虑的一种自我排遣呢？

    A 旋律   寻觅   项   固执
    B 模式   歌颂   阵   严厉
    C 步伐   向往   番   郑重
    D 节奏   追求   套   执着

66. 如今产品的折旧速度越来越快，像电脑、家用电器等科技产品 _____ 率非常高，很容易变成垃圾。这些垃圾不易处理且会对环境造成 _____。人类在享受科技 _____ 的同时，也应 _____ 如何处理这些科技垃圾，把它们变废为宝。

    A 更新　　威胁　　福利　　磋商
    B 消耗　　危害　　创新　　构思
    C 淘汰　　破坏　　成果　　反思
    D 回收　　损害　　果实　　协商

67. 亚丁风景区主要由仙乃日、央迈勇、夏诺多吉三座神山以及周围的河流、湖泊和高山草甸 _____，它的景致保持着地球上近乎绝迹的 _____，因独特的地貌和原生态的自然 _____，被誉为"中国香格里拉之魂"，是众多摄影爱好者 _____ 的地方。

    A 建成　　壮观　　格局　　渴望
    B 落成　　封闭　　元素　　崇拜
    C 构成　　纯洁　　风景　　佩服
    D 组成　　纯粹　　风光　　向往

68. 据报道，北京地铁新推出了"拥挤度地图"。地铁网线图上会实时 _____ 黑、红、黄、绿四种颜色，它们 _____ 对应严重拥挤、拥挤、比较拥挤和舒适四种状态。地铁网线图将方便更多乘客合理 _____ 线路，_____ 避开出行高峰期。

    A 显示　　分别　　规划　　主动
    B 呈现　　彼此　　筛选　　果断
    C 闪烁　　各自　　查询　　从容
    D 展现　　特意　　决策　　坚决

69. 用色彩伪装自己是很多动物的"生存之道"。比如说，对体型 _____ 的北极熊来说，其他熊和人类偷猎者是它们 _____ 的最大威胁。但它 _____ 一身雪白的皮毛，可以与冰雪世界 _____，能最大程度地避免被发现。

    A 僵硬　　陷入　　具备　　不相上下
    B 圆满　　公认　　暴露　　锦上添花
    C 庞大　　面临　　拥有　　融为一体
    D 沉重　　遭受　　天生　　相辅相成

70. 有种社交低能表现为有些人在帮助他人时，比对待自己的事更加 _____。但他们却从不敢麻烦别人，一是怕 _____ 人情，二是害怕被拒绝。这种行为会逐渐 _____ 成靠帮助别人来维持友谊，整日 _____，随时担心和朋友的感情破裂。其实这也是情商低的 _____，这样的人很难获得真正的友谊。

    A 执着　　还　　演绎　　废寝忘食　　隐患
    B 谨慎　　欠　　演变　　小心翼翼　　缘故
    C 踊跃　　捎　　恶化　　如履薄冰　　代价
    D 慎重　　占　　蔓延　　兢兢业业　　后果

第 三 部 分

第71-80题：选句填空。

71—75.

有不少人在阴雨天时情绪低落，在阳光灿烂的日子里则会心情舒畅。现代医疗气象研究者对此做出了科学的解释：阴雨天气之所以会影响人的情绪，(71)_____，人体分泌的松果激素较多，导致甲状腺素、肾上腺素的分泌浓度相对降低，(72)_____，变得不怎么活跃，人就会变得无精打采。曾经某地发生过阴雨连绵的天气迟迟没有停止，最终导致很多人患上了抑郁症的现象。(73)_____，当地的很多治疗机构创造性地采用人造阳光治疗法，这种用光照来治疗抑郁症的方法，疗效十分显著。

到了炎炎夏日，很多人的脾气会变得"一点就着"。在心理学领域，有个有趣的研究话题就是关于高温为什么会让人的脾气变差。专家认为，(74)_____。气温升高会导致人体心跳加快、睾酮水平增加以及其他一些代谢反应，它们会刺激交感神经系统，(75)_____，因此人们脾气变大，更有可能发生冲突。

A 这可能与人体对热度的生理反应有关

B 主要是因为阴雨天的光线较弱

C 鉴于这些抑郁症患者发病的原因

D 而该神经系统负责战斗或逃跑反应

E 人体神经细胞也会"偷懒"

76—80.

中国古代汉字的书写习惯与现代有着极大的差别，他们按照的是竖排、从右向左的顺序。(76)_____。

在纸发明以前，古人曾在竹木简上记录文字，由于材料的纹理多为纵向，所以竹木简一般都是狭长的条状。古人书写时，一般是左手拿简，右手写字。每写完一根竹简，都会按顺序放在右手边。(77)_____，总是写好的第一根简在最右边，之后的依次从右往左排列。久而久之就形成了古代汉字自上而下、从右往左的书写顺序。

(78)_____，包括官方的各种文书档案、私人信件、各种书籍抄件等等，它们不仅有很高的史料价值，也是很珍贵的书法墨迹。一般来讲，每根简上只抄写一行字，(79)_____。另外还有一种简，宽约二厘米，每根简上都抄写两行字，这种简叫做"两行"。

竹简一般都是用丝纶或麻绳将零散的简编成册，不过因为制作繁复，而且书写字数有限、携带不便，(80)_____。

A 按照这种方式放置的竹简

B 简上所写的字数则取决于简的长短

C 古代用竹简制成的书内容十分广泛

D 所以后来逐渐被纸张取代了

E 这一顺序的起源与当时的书写材料有着密切的关系

第四部分

第80-100题：请选出正确答案。

81—84.

近来，一项针对1000名0至5岁婴幼儿的调查显示，接触、使用智能手机的幼儿占80.4%，3岁开始玩儿手机的占32.5%，甚至有些孩子两岁就能熟练操作手机，而52.9%的父母让孩子玩手机的理由是"可以让他们老实一会儿"。

造成这种现象的主要原因是年轻父母太过依赖智能手机，他们陪伴孩子时缺乏耐心，而孩子又很喜欢有趣的游戏和动画片，因此只要他们一哭闹，家长就会拿出手机，将"玩儿手机"作为对孩子的奖励。长此以往，手机这个"哄娃神器"就会变成"伤娃利器"。幼儿经常使用手机，不但容易造成语言发育迟缓，还有可能影响其视力和大脑神经发育。另外，沉迷于手机的孩子容易变得性格孤僻，不愿和父母沟通。

让孩子远离手机最好的方法是：父母尽量避免在孩子面前使用手机。同时，还可以在家中设立一个"手机禁区"，里面放一些书和益智玩具，增加亲子交流时间。此外，应多带孩子参与集体活动和户外运动，拓展孩子的视野，培养生活兴趣。专家建议，要根据年龄控制孩子使用手机的时间，18个月以下的孩子应尽可能远离电子产品，18至24个月的孩子可少量接触，但需要父母的陪伴和解说，2至5岁的孩子每天看手机的时间应限制在一个小时内。

81. 关于那项调查，可以知道什么？

    A 半数的孩子拥有手机　　　　　B 孩子越小越依赖手机

    C 三岁孩子用手机都很熟练　　　D 约有八成的幼儿接触过手机

82. 为什么说手机是"伤娃利器"？

    A 会耽误孩子读书　　　　　　　B 束缚了孩子的思想

    C 孩子会变得懒惰　　　　　　　D 不利于孩子成长发育

83. 为了让孩子跟手机保持距离，父母应该怎么做？

    A 亲身示范　　　　　　　　　　B 严厉指责孩子

    C 带孩子咨询心理专家　　　　　D 用其他智能产品代替

84. 下列哪项是文中提到的？

    A 父母玩儿手机会冷落孩子　　　B 要带孩子多去户外活动

    C 孩子一律禁止使用手机　　　　D 孩子对网络信息毫无分辨力

85—88.

在嘈杂的室内环境如鸡尾酒会中，会同时存在许多不同的声源：多个人同时说话的声音、餐具的碰撞声、音乐声以及这些声音经墙壁和室内物体反射所产生的反射声等。在声波的传递过程中，不同声源所发出的声波之间，以及直达声和反射声之间会在传播介质中相叠加而形成复杂的混合声波。因此，到达听者外耳道的混合声波中已经不存在独立的、与各个声源相对应的声波了。然而在这种声学环境下，听者却能基本听懂目标语句。那么，听者是如何从混合声波中分离出不同说话人的言语信号，进而听懂目标语句的呢？这就是著名的"鸡尾酒会效应"。

鸡尾酒会效应是指人的一种听力选择能力，意思是人的注意力会集中在某一个谈话中而自动忽略掉背景中的其他对话或噪音。该效应在声学中也指人耳的掩蔽效应，即人的耳朵只对最明显的声音反应敏感，而对于其他声音则比较迟钝。例如在声音的整个频率谱中，如果某一个频率段的声音比较强，那么人就对其他频率段的声音不敏感了。

应用此原理，有人发明了压缩的数字音乐格式，这些格式的文件只重点记录了人耳较为敏感的中频段声音，而简略记录了那些较高和较低频率的声音，从而大大压缩了所需的存储空间。

85. 第1段中画线部分"这种声学环境"指的是什么？

  A 物理实验室   B 嘈杂的环境

  C 忙碌的街头   D 拥挤的酒吧

86. 关于鸡尾酒会效应，下列哪项正确？

  A 指调节心态的能力   B 专指一种交友规则

  C 指人喝醉酒后的状态   D 体现了人类听觉的特点

87. 关于人耳的掩蔽效应，可以知道什么？

  A 人耳只对部分声音敏感   B 人耳在噪音中分辨力下降

  C 人耳对熟悉的声音很迟钝 D 人耳会自动忽略有害的声波

88. 最后一段主要讲的是：

  A 压缩音乐文件的弊端   B 数字音乐的发展前景

  C 鸡尾酒会效应的应用   D 音乐文件的常见格式

89—92.

天一阁是中国文化部公布的12个国家级古籍修复中心之一，也是中国现存最早的私家藏书楼，珍藏古籍达30万本。

1561年，范钦退休还乡，因喜好读书而修建此楼。天一阁的名字取自《易经注》中的"天一生水，地六成之"，范钦希望以水制火，防止书籍被大火烧坏。但他没有料到，书籍最大的敌人其实是时间。数百年过去，天一阁如今馆藏古籍中约有40%因鼠噬、虫蛀、潮湿霉变或板结等原因而损毁，亟待修复。

而以王金玉为代表的修书人的工作就是与时间赛跑，把古籍抢救回来。在进行古本修复之前，首先要对文物存档。其次是无损检测，也就是在不损害古籍的前提下，检测纸张的酸碱度、白度、纤维成分等，然后根据破损情况再指定修复方案。第三步才是正式修复。在古籍修复工作上有个原则，叫"修旧如旧"，即不允许在原物上创新，如果你无法让它保持原样，就不要动它。这也是古籍修复者的基本职业操守。在近40年的职业生涯里，王金玉的古籍修复成功率高达100%。她对自己的要求极为严苛，"如果没有十足的把握，我就不会动手"。

古籍的修复阶段有拆书、洗书、补书、锤书等10余道工序，纷繁复杂。有时候修复一页纸就要花好几个小时。而修复好一册古籍，通常需要一两个月、一年甚至更久。此外，破损的古籍对修复材料也异常挑剔。比如打稀的糨糊，那可不是流水线上机器生产出来的，而是用小麦淀粉纯手工调制的，并且往往需要反复调制后才可以使用。

古籍修复是一个经验活儿，在其他行业一般做10年就能成为老师傅，但在这个行业可能才算得上刚刚入门。为了改变"唯经验论"的现状，王金玉和同事们正努力推动古籍修复的标准化，希望做出一个能够被大家认可的行业标准。

89. 关于天一阁，可以知道什么？
   A 由私人修建
   B 曾遭遇过大火
   C 藏有《易经注》
   D 四周被水围绕

90. 第3段主要谈的是什么？
   A 保存古籍的方法
   B 古籍修复的流程
   C 如何确定修复方案
   D 古籍修复行业的现状

91. 王金玉从事修复工作，有什么原则？
   A 多与同行相互借鉴
   B 最大化保留修复痕迹
   C 没有把握就不去修复
   D 要严格控制修复时间

92. 根据上文，下列哪项正确？
   A 古籍修复工作用到了高科技
   B 古籍修复工作入门相对较快
   C 古籍修复行业标准已经实施
   D 天一阁的部分藏书已被损毁

93—96.

一位名叫威廉的小伙子进入了一家采矿公司，担任助理一职。最初，这家公司打算开采本地丰富的刚玉矿石，用来做砂轮。可两年下来，他们不仅没有挖到刚玉矿石，反而欠下了很多外债，公司的经营状况变得岌岌可危。

这时，威廉向上司提出了一些建议，上司采纳后，公司渐渐摆脱了债务，开始向加工制造型企业转型。因为威廉的突出贡献，公司把年轻的威廉提升为总经理。威廉上任后的第一件事，就是投资了一笔钱在储藏室开辟出一个角落，作为公司的第一个实验室。他还提出了"15%规则"，即研发人员每个星期都可以拿出15%的工作时间，来研究自己感兴趣的东西。对于威廉的这个举动，公司很多人并不看好，甚至对"15%规则"冷嘲热讽。然而，随后公司的快速发展，让这些人对威廉的举措彻底改观了。

在威廉的带领下，实验室成果频出。1914年，实验室推出了第一款独家产品——研磨砂布，在市场上大卖；1925年，一名员工自主研发了透明胶带。由于这种胶带既方便，又实用，它很快便成为家喻户晓的产品；20世纪40年代，实验室推出了用于高速公路标志的反光膜；随后，实验室又发明了录音磁带和录像带……如今，这家公司已经生产了数以万计的创新产品，在医疗产品、高速公路安全产品、办公文教产品和光学产品等核心市场上都占据领导地位。

威廉曾说："如果你在人的四周竖起围墙，那你得到的只是羊。"对于一家公司而言，员工的思想被禁锢是一件很可怕的事情。而这家企业恰恰相反，它鼓励创新，并始终坚持创新，这是它不断发展、直至成为行业巨头的重要原因。

93. 第1段中的画线词语"岌岌可危"的意思最可能是：
    A 不被认可　　　　　　　　B 危险极了
    C 发生巨变　　　　　　　　D 趋于稳定

94. 关于"15%规则"，下列正确的是：
    A 起初不被看好　　　　　　B 是公司的考核制度
    C 用公司15%的收益来研发　　D 规定15%的员工都得有新发明

95. 关于那家公司，下列哪项不正确？
    A 科研成果丰富　　　　　　B 首创透明胶带
    C 一开始是加工型企业　　　D 在多个领域占主导地位

96. 下列哪项是威廉的观点？
    A 要解放员工的思想　　　　B 要平等看待所有员工
    C 不能忽视团结的力量　　　D 要打破员工间的隔阂

97—100.

肥胖的实质是体脂肪比例的超标，于是有人想到通过减少膳食中的脂肪摄入来减肥。这就是"低脂饮食"的灵感来源。

研究发现，人体三大基本营养要素碳水化合物、脂肪、蛋白质都可以为人体代谢和活动提供所需的能量。虽然蛋白质通常不是生物体内的能源物质，但必要时，一克蛋白质也可以产生4千卡的热量。当过量摄入这三种营养物质时，过剩的能量就会转化为脂肪储存起来。这个原理是三大营养要素的"中心法则"。这就告诉我们，只有控制总能量的摄入才能达到减肥的目的。人体内的蛋白质每天都要更新，所以不能将蛋白质的摄入降至太低，我们只能在碳水化合物和脂肪上动脑筋。于是有营养学家提出了"低碳水化合物饮食"的概念，即通过减少碳水化合物的摄入来控制热量的摄入。由于碳水化合物主要存在于主食(米、面)中，因此低碳水化合物饮食以减少主食摄入为特点。

在对世界各地肥胖情况的调查中，人们发现，地中海地区的居民膳食中脂肪摄入总量与其他国家不相上下，但心血管疾病的发病率却要低很多。这主要得益于他们特殊的饮食结构：多吃蔬果、鱼、海鲜、豆类和坚果类食物，其次才是谷类，并且烹饪时以植物油代替动物油。于是营养学家提出了"地中海饮食"的概念，即营养要素不仅要均衡，其来源也应是健康的。

那么，低脂、低碳水化合物和地中海饮食方式到底哪种对减肥更有效呢？一项比较研究表明，三种饮食方式均能起到减少体重的效果，其中低碳水化合物饮食的减肥效果最为显著。

97. "低脂饮食"指的是：
    A 烹饪时不放油　　　　　　　　B 减少食物中脂肪的摄入量
    C 倡导吃未加工的食物　　　　　D 减少饮食中蛋白质的摄入量

98. 关于三大营养素，可以知道：
    A 都需要每天更新　　　　　　　B 蛋白质是主要能源物质
    C 都可以提供能量　　　　　　　D 碳水化合物可以分解脂肪

99. 为什么地中海地区居民心血管疾病的发病率低？
    A 饮食习惯比较健康　　　　　　B 爱服用保健品
    C 阳光充足、环境好　　　　　　D 饮用水富含矿物质

100. 根据上文，下列哪项正确？
    A 运动减肥效果最好　　　　　　B 减肥容易使人衰老
    C 低脂饮食容易使体重反弹　　　D 三种饮食方式都有减肥功效

三、书写

第101题：缩写。

（1）仔细阅读下面这篇文章，时间为10分钟，阅读时不能抄写、记录。

（2）10分钟后，监考会收回阅读材料。请将这篇文章缩写成一篇短文，字数为400字左右，时间为35分钟。

（3）标题自拟。只需复述文章内容，不需加入自己的观点。

（4）请把短文直接写在答题卡上。

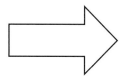

一家著名的连锁零售店为了扩大品牌影响力，举办了一场名为"带你自己的杯子来买冷饮"的活动。

在推广活动的视频中，该店的总经理说道："顾客可以带自己的杯子来购买冷饮，不管杯子多大都算一杯，价钱都是10块钱。"此外，他还补充了几条活动规则："第一，杯子的直径不得超过25厘米，因为接冷饮时需要穿过挡板上的一个孔，而这个孔的直径就是25厘米；第二，杯子一定可以与食物安全接触；第三，杯子不能漏水；第四，活动当天每人限带一个杯子；第五，不能借助其他工具。"

这个活动一经推出，立即引发了人们的热议，大家纷纷出奇招，争取用10块钱买到更多的冷饮。活动当天，这家店的所有分店门口都出现了这样的情形：人们捧着各种各样的"杯子"在自动销售机前面排队。这些"杯子"，除了真正意义上的杯子之外，还有花瓶、金鱼缸，甚至是挖空了的西瓜、洗干净的油漆桶……中午，一家分店的门口出现了一个"不太守规矩的"小伙子，他用平板车推来一个超大型的不锈钢水桶。他自然无法把这个大铁桶塞进那个直径只有25厘米的小孔里，不过他早有准备，从铁桶里拿出了一根水管。很明显，他违规了，工作人员及时阻止并告诉他不能借助工具。

这个小伙子听了工作人员的话后，连说抱歉，然后就转身离开了。大约一个小时之后，他又回来了，这次他带来的是一根长约5米、直径约15厘米的塑胶软管。他已经清洗了软管，并把其中的一头堵上了。当他把软管的另一头伸进挡板上的孔开始接冷饮时，除了自动销售机出水口发出的"咕噜咕噜"的声音以外，整条街似乎都凝固了，变得异常安静。这个小伙子用了30分钟，接了至少40公斤的冷饮，最后在大家的抱怨声中推着平板车悠然离开了。

这家分店的店长连忙向总部报告，可是总经理看了监控视频后却大笑不已："我太欣赏他了，我倒是想问一问，谁还有更奇怪的'杯子'吗？"

这个活动从上午开始一直持续到了晚上，但是零售店不仅没有亏钱，还小赚了一笔，同时还使得该店的品牌更深入人心。

值得一提的是，总经理后来亲自找到了那个用10块钱买走了40公斤冷饮的小伙子，原来他是一名大学生，那天他把买到的冷饮分给了全班同学享用。总经理认为，这名大学生能在这么多条条框框的限制下想出这样的办法，他必定也有能力在各种困局中卖出更多的冷饮。于是，总经理郑重地递给他一张聘用书，说："如果你愿意，毕业后随时欢迎来我们总部的营销部上班，这个位置会一直给你留着！"

这也算是这次活动的一个意外收获吧！

汉语水平考试　HSK（六级）　答题卡

一、听力

1. [A] [B] [C] [D]　　6. [A] [B] [C] [D]　　11. [A] [B] [C] [D]　　16. [A] [B] [C] [D]　　21. [A] [B] [C] [D]
2. [A] [B] [C] [D]　　7. [A] [B] [C] [D]　　12. [A] [B] [C] [D]　　17. [A] [B] [C] [D]　　22. [A] [B] [C] [D]
3. [A] [B] [C] [D]　　8. [A] [B] [C] [D]　　13. [A] [B] [C] [D]　　18. [A] [B] [C] [D]　　23. [A] [B] [C] [D]
4. [A] [B] [C] [D]　　9. [A] [B] [C] [D]　　14. [A] [B] [C] [D]　　19. [A] [B] [C] [D]　　24. [A] [B] [C] [D]
5. [A] [B] [C] [D]　　10. [A] [B] [C] [D]　　15. [A] [B] [C] [D]　　20. [A] [B] [C] [D]　　25. [A] [B] [C] [D]

26. [A] [B] [C] [D]　　31. [A] [B] [C] [D]　　36. [A] [B] [C] [D]　　41. [A] [B] [C] [D]　　46. [A] [B] [C] [D]
27. [A] [B] [C] [D]　　32. [A] [B] [C] [D]　　37. [A] [B] [C] [D]　　42. [A] [B] [C] [D]　　47. [A] [B] [C] [D]
28. [A] [B] [C] [D]　　33. [A] [B] [C] [D]　　38. [A] [B] [C] [D]　　43. [A] [B] [C] [D]　　48. [A] [B] [C] [D]
29. [A] [B] [C] [D]　　34. [A] [B] [C] [D]　　39. [A] [B] [C] [D]　　44. [A] [B] [C] [D]　　49. [A] [B] [C] [D]
30. [A] [B] [C] [D]　　35. [A] [B] [C] [D]　　40. [A] [B] [C] [D]　　45. [A] [B] [C] [D]　　50. [A] [B] [C] [D]

二、阅读

51. [A] [B] [C] [D]　　56. [A] [B] [C] [D]　　61. [A] [B] [C] [D]　　66. [A] [B] [C] [D]　　71. [A] [B] [C] [D] [E]
52. [A] [B] [C] [D]　　57. [A] [B] [C] [D]　　62. [A] [B] [C] [D]　　67. [A] [B] [C] [D]　　72. [A] [B] [C] [D] [E]
53. [A] [B] [C] [D]　　58. [A] [B] [C] [D]　　63. [A] [B] [C] [D]　　68. [A] [B] [C] [D]　　73. [A] [B] [C] [D] [E]
54. [A] [B] [C] [D]　　59. [A] [B] [C] [D]　　64. [A] [B] [C] [D]　　69. [A] [B] [C] [D]　　74. [A] [B] [C] [D] [E]
55. [A] [B] [C] [D]　　60. [A] [B] [C] [D]　　65. [A] [B] [C] [D]　　70. [A] [B] [C] [D]　　75. [A] [B] [C] [D] [E]

76. [A] [B] [C] [D] [E]　　81. [A] [B] [C] [D]　　86. [A] [B] [C] [D]　　91. [A] [B] [C] [D]　　96. [A] [B] [C] [D]
77. [A] [B] [C] [D] [E]　　82. [A] [B] [C] [D]　　87. [A] [B] [C] [D]　　92. [A] [B] [C] [D]　　97. [A] [B] [C] [D]
78. [A] [B] [C] [D] [E]　　83. [A] [B] [C] [D]　　88. [A] [B] [C] [D]　　93. [A] [B] [C] [D]　　98. [A] [B] [C] [D]
79. [A] [B] [C] [D] [E]　　84. [A] [B] [C] [D]　　89. [A] [B] [C] [D]　　94. [A] [B] [C] [D]　　99. [A] [B] [C] [D]
80. [A] [B] [C] [D] [E]　　85. [A] [B] [C] [D]　　90. [A] [B] [C] [D]　　95. [A] [B] [C] [D]　　100. [A] [B] [C] [D]

二、阅读

101.

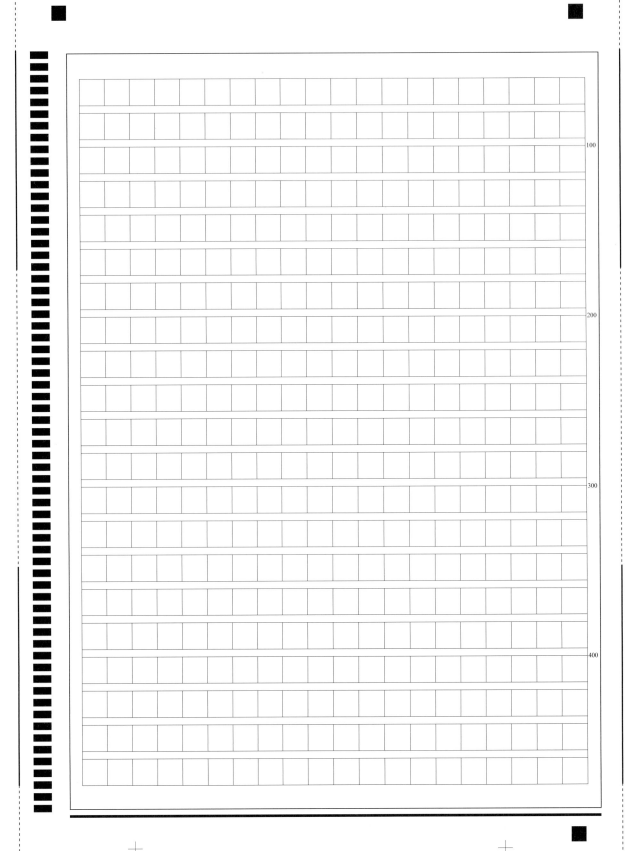

❤ 최신 기출 모의고사 2회분 수록
❤ 실제 시험지와 동일한 편집과 구성

시원스쿨 新HSK 실전 모의고사

저자 최은정

6급

시원스쿨 新**HSK 6**급 실전 모의고사

초판 2쇄 발행 2020년 03월 05일

펴낸이 양홍걸 이시원
펴낸곳 (주)에스제이더블유인터내셔널

저자 최은정
기획총괄 마은선
편집 박윤수
감수 시에멍위

출판총괄 조순정
디자인 김현철 유형숙 강민정 차혜린 김보경 이상현
조판 유형숙
출판마케팅 장혜원 이성원 이윤재 위가을
제작/지원 김석성 양수지

임프린트 시원스쿨
홈페이지 china.siwonschool.com
주소 서울시 영등포구 국회대로74길 12 남중빌딩 시원스쿨
등록번호 2010년 10월 21일 제 321-2010-0000219

도서문의 안내
대량구입문의 02)2014-8151 **팩스** 02)783-5528
기타문의 02)6409-0878

6급

모의고사 1회 실전 모의고사 정답

一、听力 듣기

第一部分 제1부분	1	B	2	D	3	C	4	C	5	B
	6	C	7	A	8	C	9	D	10	B
	11	B	12	C	13	A	14	C	15	B
第二部分 제2부분	16	D	17	A	18	C	19	D	20	B
	21	D	22	A	23	A	24	C	25	C
	26	A	27	C	28	B	29	B	30	D
第三部分 제3부분	31	A	32	C	33	B	34	A	35	D
	36	B	37	C	38	B	39	A	40	B
	41	C	42	B	43	D	44	A	45	B
	46	C	47	C	48	B	49	D	50	A

二、阅读 독해

第一部分 제1부분	51	C	52	B	53	D	54	C	55	D
	56	D	57	D	58	A	59	B	60	D
第二部分 제2부분	61	B	62	C	63	A	64	A	65	A
	66	D	67	C	68	B	69	C	70	A
第三部分 제3부분	71	B	72	A	73	D	74	E	75	C
	76	D	77	B	78	C	79	A	80	E
第四部分 제4부분	81	C	82	D	83	B	84	C	85	A
	86	B	87	C	88	D	89	B	90	B
	91	D	92	C	93	A	94	B	95	B
	96	D	97	C	98	D	99	B	100	A

三、书写 쓰기

101　　　　　　　　　　　　　　　　　　　　　　　[모범 답안]

　　　　　　　　盈利的关键

　　在街头，一群年轻人拿着调查问卷，让路人根据自己的喜好为两款车的外观打分，第一款柔美温和，第二款狂野奔放。

　　几天后，叫菲比的小伙子整理了数据，然后交给上司卢茨，原来，这家公司刚刚开发出一款汽车，但高层对车的外观有两种相反意见：一部分人觉得它应搭配柔美外形，另一部分人觉得狂野外形更有市场。所以卢茨提出让大众来选择并决定。

　　根据菲比提供的数据，第一款车的平均得分是7.5分，第二款只有5分。卢茨翻看调查问卷，笑起来。菲比以为他会选第一款，没想到卢茨要推出的是5分的那款。他解释说，得5分的那款有人极其喜爱它；而另一款没有人喜爱它到非要购买的程度。现在汽车行业竞争激烈，所以他们要挖掘潜在客户，那些打了高分的少数人，是真正的潜在客户。

　　很快，公司按照"为少数人开发新产品"的思路，推出了拥有奔放外观的新车，这款车很快销售一空。

　　这给许多企业一个启示——推出新产品时，多数人的满意往往比不上少数人的狂热，而后者才是企业盈利的关键。

실전 모의고사 해석

一、听力 듣기

✅ 第一部分 · 제1부분

1

> 有个学生某科考试不及格(한 학생이 어떤 시험에서 불합격하고), 到办公室找老师求情。一顿软磨硬泡后, 老师说："虽然你口才一流打动了我, 但是一点用也没有, 因为旁边那个办公桌坐的才是你要找的老师。"

정답
B 학생은 시험에서 통과하지 못했다

2

> 门枕石俗称门墩儿, 是一个石制构件, 常见于中国传统民居, 特别是四合院的大门底部(중국 전통민가, 특히 쓰허위안의 대문 밑바닥에서 자주 볼 수 있고), 有支撑门框、门轴的作用。门枕石上通常会雕刻一些传统的吉祥图案, 是承载中国传统文化的石刻艺术品。

정답
D '门枕石'는 대문 밑바닥에 놓여 있다

3

> 水杉被称作活化石, 距今已有上亿年历史。早些年人们曾以为它已经灭绝了, 直到1945年在湖北省武汉市再次发现它。作为武汉

市市树(우한시의 도시를 상징하는 나무로서), 水杉象征着刚毅坚强、刚直不阿, 被人们所喜爱。

정답
C 메타세쿼이아는 우한시의 도시를 상징하는 나무이다

4

> 随着网购的快速发展, 快递数量猛增, 而航空货运作为一种便捷的高端物流方式越来越受到重视(인터넷 구매의 빠른 발전과 택배 수량의 급증에 따라, 항공 화물 운송은 편리한 고급물류 방식으로서 갈수록 중시를 받고 있다)。尽管目前全球航运总量只占全球贸易总量的1%, 但其货值却占到全球贸易总货值的三分之一以上。

정답
C 인터넷 구매는 항공 운송의 번창을 촉진했다

5

> 李四不顾妻子反对买了一艘船。为了让妻子心理平衡, 他对妻子说："你可以给这艘船起个名字。"妻子点头同意了。第二天, 当李四去码头准备他的首次航行时, 他看到写在船上的名字是"出售"(그는 배 위에 적힌 이름이 '판매'라는 것을 보게 되었다)。

정답
B 아내는 배를 팔아버릴 계획이다

6

如果被轻微烫伤，最好先用凉水把伤处冲洗干净(가장 좋기로는 먼저 차가운 물로 상처 부위를 깨끗하게 씻어내고)，然后在5℃以上的凉水中浸泡半小时。一般而言，浸泡得越及时，水温越低，效果越好。但是，如果伤处已经起泡并破损，就不能浸泡了，否则很容易引起伤口感染。

정답

C 화상 부위는 먼저 차가운 물로 씻어내는 것이 가장 좋다

7

刷脸签到是一种记录人员出勤信息的方式，它的操作方式十分便捷(그것의 조작 방식은 매우 간편하다)。人只要在人脸识别签到机处略微停留片刻，人脸识别机便能迅速捕捉到在场人员的人脸图像，并与系统中录入的人脸图像进行比对，从而确认身份，自动完成签到流程。

정답

A '刷脸签到'는 간편하고 효율도 높다

8

常言道"五谷杂粮，谷子为首"，"谷子"即小米，小米中的各类营养成分含量很高，淀粉含量更是高达70%，是典型的能量食物。小米具有补血清热、健胃安眠的作用，是杂粮中的佼佼者(잡곡 중의 최고이다)。

정답

C 좁쌀은 우수한 품질의 잡곡이다

9

据研究，体温下降并不是导致感冒的原因，接触感冒病毒才是关键。目前，并没有证据表明冬天穿得不够暖和就会感冒生病。然而有证据表明，由于冬天人们花了大量时间待在封闭的室内，因而更容易交叉传播感冒病毒(겨울에 사람들은 많은 시간을 써서 폐쇄된 실내에 머무르기 때문에, 따라서 더 쉽게 감기 바이러스가 교차하여 전파된다)。

정답

D 폐쇄된 공간에서는 더 쉽게 감기에 걸린다

10

一位杂志社编辑收到一封信："我知道您没有看完就把稿子退回来了，因为我故意把几页稿纸粘在一起，但您没有把它们打开。"这位编辑回信说："如果您的早餐里有一个坏鸡蛋，您大可不必把它全吃完来证明它变味了。"(이 편집자는 회신하여 말했다. "만약 당신의 식탁에 상한 계란이 있다면, 당신은 그것을 전부 먹는 것으로 그것이 상했다는 것을 증명할 필요가 전혀 없습니다.")

정답

B 편집자는 편지 보낸 사람을 반박했다

11

科学研究表明海豚可以发出高达10万赫兹的高频超声波。因此有人用"海豚音"来形容人类发出的音频与音高都极高的超高音。但这只是一个形象的说法(그러나 이것은 단지 생동감 있는 표현일 뿐이고)，并非指人真的发出了海豚那样高频的声波。

정답

B '海豚音'은 일종의 과장된 표현이다

12

> 在古时，重阳节那天，古人会相聚赏花、吟诗作文。"明日黄花"便出自苏东坡的诗句，原指重阳节过后逐渐枯萎的菊花，用来比喻过时或无意义的事物(사용해서 시대에 뒤떨어지거나 무의미한 사물을 비유한다)。而现在多指已经失去新闻价值的报道，或失去时效性的事物。

정답

C '明日黄花'는 시대에 뒤떨어진 사물을 비유한다

13

> 国家之间在处理外交问题上往往倡导求同存异，即找出共同点，并保留不同意见。而在学术研究上，应该求异存同，鼓励创新，因为学术研究贵在出新(학술 연구는 새로운 것을 찾아내는 것이 중요하기 때문에)，一味地踩着前人的脚印走路是不会有什么新发现的。

정답

A 학술 연구는 새로운 것을 창조하는 것을 제창한다

14

> 雷暴是夏季常见的天气现象之一，常伴有闪电雷鸣，有时还会出现冰雹、龙卷风等灾害性天气(때로는 우박, 토네이도 등 재해성 날씨가 나타나기도 한다)。不过另一方面，雷暴也能造福人类，受雷击的空气每年能产生数亿吨的氮肥，并随雨水进入土壤中，为农作物的生长提供养分。

정답

C 천둥 번개는 가끔 재해성 날씨를 동반한다

15

> 冰箱之所以可以一直插电工作而不用断开电源，是因为它的电源线和机体是分离的。各个元器件之间的空隙较大，散热条件较好(열 발산 조건이 비교적 좋다)。此外，冰箱中还有专门的保护线路，因此安全性也比较高。

정답

B 냉장고 내부는 열 발산 조건이 좋다

✅ 第二部分 · 제2부분

16-20

第16到20题是根据下面一段采访：

> 女：您在话剧舞台上的表演让人折服，您是如何看待话剧的？
>
> 男：话剧是老百姓灵魂中最容易接受的形式，和简单的娱乐活动不一样。16.它必须是心灵之间的沟通，台上台下的交流(그것은 반드시 마음 간의 소통이고 무대 위와 아래의 교류여야 합니다)。我很留恋我在舞台上所有剧目的演出，我认为我在舞台上的成就远远高于影视作品的成就。
>
> 女：您在话剧舞台上有很多代表作，您也一直说话剧对您很重要。但您演了这么多话剧，20.最后却是通过《英雄无悔》这部电视剧走红的(마지막에는 《英雄无悔》라는 이 드라마를 통해 유명해지셨는데)，您能比较一下话剧与影视作品的区别吗？

男：实话实说，电视剧拥有最广泛的观众，我们中国的好演员拍了一部好作品，一晚上会有上千万、上亿人在关注你。这在其他的国家是不可能的。电视行业是改革开放以后最有成就的事业，发展是最快的。而话剧是我一生中永远的情结，不到我演不动的时候，我是不会离开话剧的。

女：您觉得中国话剧的现状怎么样？

男：有好的作品，观众就来了，没有好的作品，剧场门前就可以罗雀了，这是很自然的。好的作品怎么产生，17.我认为要有一个宽松的艺术创作的环境(저는 자유로운 예술 창작의 환경이 있어야 한다고 생각합니다)。艺术家们在表达自己对生活、对时代的感受时，应该是自由的、由衷的，一些限制越少越好。18.我觉得作品创作，剧本的来源是现在艺术界面临的首要问题(저는 극본의 출처는 예술계가 직면한 가장 중요한 문제라고 생각합니다)。有了好的剧本，才能造就好的演员、好的导演。对于中国话剧的发展，我是持乐观态度的，有些困难是暂时的，会慢慢解决的，不要着急。

女：现在很多年轻人都有追星梦，这是从明星梦而来的，您对他们的明星梦有什么忠告和建议？

男：19.做艺术是要真心喜欢这个行当才能做好。同时也要判断自己是否有能力、有条件做好(예술을 하려면 진심으로 이 업종을 좋아해야만 잘해낼 수 있습니다. 동시에 자신이 잘 해낼 능력과 조건이 있는지 판단해야 합니다)。很多本身条件不好的，非要当舞蹈演员，即使比别人花费10倍的努力练功也不行。人家那些条件好的演员不用练也比他强。我希望现在的年轻人多看看书，书中的那些对景色、环境的描述都是我

现在创作中很重要的内容，书和其他的传媒不一样。看书的时候，眼睛看着文字，脑子里完全是想象的画面，想象的环境，想象特定环境下的那些情景。我们小时候看西游记，脑子里的孙悟空绝非是电视剧里的孙悟空，表现不出来，怎么才能表现出来，只有在你理解了作品和你想象的时候。

16

男的认为话剧与简单的娱乐活动相比有什么特点？

정답

D 심층 교류가 있어야 한다

17

艺术创作需要什么条件？

정답

A 자유로운 환경

18

艺术界面临的首要问题是什么？

정답

C 극본의 출처

19

男的对于希望从事艺术行业的人有什么建议？

정답
D 이 업종에 적합한지 잘 생각해야 한다

20

关于男的，下列哪项正确？

정답
B 드라마에 출연했기 때문에 이름이 났다

21-25

第21到25题是根据下面一段采访：

男：童年是一个人成长过程中最短，也是最美、最珍贵的阶段。儿童文学作家肩负着为一群小读者短短几年的需要而写下具有永恒价值的作品的重任。您怎么理解这种责任？

女：儿童文学最大的功能，或者说最根本的目的是，21. 为人类提供良好的人性基础(인류를 위해 좋은 인성의 기초를 제공하는 것인데)，包括道义感、审美力与悲悯情怀。文学在改造和净化人性方面所起的作用是无法估量的。

男：当下每年出版的儿童图书数量都在迅速增长，但粗制滥造的也不在少数。对此，您怎么看？

女：现在图书市场有个很不好的格局，类型单一，22. 多为奇幻类作品(대다수가 판타지류의 작품인데)，这令人忧虑。我们在

追求想象力的同时，不能忘记记忆力，尤其是对历史、对现实的记忆。一个作家最根本的想象应该是建立在记忆基础上的，缺少记忆的幻想作品容易失去人的温度。这样的作品无关情感、无关心理，只满足人的情绪，而且只满足人情绪中的一种：热闹、搞笑。但儿童文学不应仅仅给儿童带来快乐，更应给孩子带来快感。快感既包括喜剧快感，也包括悲剧快感。

23. 世界儿童文学史上80%的文学作品是悲剧性的(세계 아동문학사에서 80%의 문학작품은 비극적인 성격의 것입니다)。安徒生童话的主体色彩就是悲剧性的，比如《海的女儿》《卖火柴的小女孩儿》等。

男：儿童文学难道不应顺应孩子快乐的天性吗？

女：一味的快乐就是所谓健康的成长吗？如果不知人生的苦难，是不可能获得更高的人生质量的。今天的孩子们过多地沉浸于游戏之中、快乐之中，对于孩子们的这种状态，我们不该视而不见。儿童文学，文学是核心，文学应该培养孩子的高雅趣味、高贵品质，25. 而不能一味地顺从与满足(덮어놓고 순종하고 만족시켜서는 안 됩니다)。浅阅读的愉悦是及时的，与阅读同步发生；24. 深阅读的愉悦则来自读后的思索、品味与琢磨(깊은 독서의 즐거움은 읽은 후의 사색, 음미 그리고 깊은 생각으로부터 오는 것입니다)。在阅读质量上，一定是深阅读的愉悦超越浅阅读的愉悦。

21

女的认为儿童文学最大的功能是什么？

<정답>

D 좋은 인성 기초를 제공한다

22

目前童书市场哪一类的童书最多？

<정답>

A 판타지

23

大部分世界儿童文学作品有什么特点？

<정답>

A 비극이다

24

深阅读的愉悦来自什么？

<정답>

C 읽은 후의 사고 과정

25

下列哪项是女的所持的观点？

<정답>

C 문학은 덮어놓고 아이들을 만족시켜서는 안 된다

26-30

第26到30题是根据下面一段采访：

女：您觉得在手工艺行业中什么样的人才能被称为匠人？

男：26.必须要具备某种技能，并能达到纯熟的境地(반드시 어떤 기능을 갖추고, 또한 매우 숙련된 경지까지 도달할 수 있어야 하고)，这样的人就可称为匠人。

女：成为匠人得有匠心，请谈一谈您对匠心的理解。

男：手艺人要想成为匠人就必须具有匠心，但这并不容易。中国有句成语叫"匠心独运"。匠心指能用巧妙的心思创造器物，27.已不仅仅是停留在熟练的技术层面，还要灌注匠人的修为(이미 숙련된 기술 방면에만 머무르는 것이 아니라, 또한 장인의 수양을 쏟아부어야 합니다)，只有将二者结合起来，才能达到匠心独运的境界。

女：在您接触过的匠人中，他们哪些地方打动了您？

男：我经常说匠人是用双手将物件从无到有创造出来的。当一个物件呈现在你眼前的时候，你会觉得眼前一亮，当你触摸时，你也能感受到它的质地，而这些是匠人们耗费半生甚至一生才有的成果。所以，28.能打动我的就是那些我们容易忽略的看不到的付出(저를 감동하게 할 수 있는 것은 우리가 쉽게 소홀히 하는 보이지 않는 헌신과 …입니다)、我们无法亲身体会的日夜投入。

女：您觉得手工艺怎样才能得到更好的延续？

男：我认为延续手工艺的生命首先应进行适应性梳理，让手工艺的项目、技术形成一个被查询与研究的体系，这样才有被延续的可能。29.其次采取记录的手段，

将它们归档保存下来(두 번째로 기록이라는 수단을 사용하여 그것들을 파일로 만들어 보존해야 하는데), 但这种记录是极其细致的。最后, 教育普及与推广是非常重要的, 培养这种延续的意识是我们一直较为欠缺的部分。

女: 很多手艺人缺乏对职业的敬畏感, 如何培养手艺人的职业灵魂呢?

男: 如今的社会是一个追求生产效率、经济效益的时代, 许多手艺人都在这样的洪流当中受到了冲击, 年轻的学艺人更是如此。我认为, 一方面应该让已有职业敬畏意识的人竭力地去保留、保护、发扬手工艺品, 而另一方面要从教育抓起, 30.培养年轻一代学艺人对文化的认同感 (젊은 세대의 기예를 배우는 사람들의 문화에 대한 동질감을 길러주어야), 在未来才有重新接续的那一天。能做到这些, 所谓的精神、灵魂自然会随之而来。

26

匠人有什么特点?

정답

A 기능이 숙련되다

27

男的认为怎样才能达到匠心独运的境界?

정답

C 기술과 수양이 서로 결합한다

28

男的容易被什么打动?

정답

B 장인의 묵묵한 헌신

29

下列哪项是手工艺可以获得延续的方法?

정답

B 파일을 만들어 보존한다

30

下列哪项是男的的观点?

정답

D 젊은 기예인들의 문화 동질감을 길러준다

✓ 第三部分 · 제3부분

31-33

第31到33题是根据下面一段话:

中国有八大菜系, 33.而国宴菜通常是在淮扬菜的基础上汇集其他地方菜系(국빈 연회는 일반적으로 화이양 요리의 기초 위에 기타 지역 요리 계통들이 모이고), 并加以整理、改良而成的。

淮扬菜能成为国宴用菜, 31.最主要的原因是它能调众口(가장 주요한 원인은 많은 사람의 입맛에 맞출 수가 있어서), 既能满足下里巴人, 又

能满足阳春白雪的口味的要求。这个特色是中国其它菜系所不具备的。川菜相对较辣；鲁菜重油、重酱油、口味偏重；广东菜多生猛海鲜，肠胃不太好的人很难适应。由此一来，口味平和的淮扬菜很容易就胜出了。值得一提的是，淮扬菜擅长用普通食材做出高档水准的菜，朴素而典雅，不仅如此，淮扬菜还被称为"文人菜"。32.因为扬州历史文化底蕴深厚，文人辈出，餐饮文化也是扬州文化的组成部分(양저우의 역사 문화적 내포가 깊고, 문인이 계속 배출되었고, 음식문화도 양저우 문화의 구성 부분이기 때문에)，很多淮扬菜都跟扬州的历史名人、各种艺术、学派以及盐商有着绕不开的联系。如此看来，用淮扬菜来代表国宴的餐饮文化和水平，当之无愧。

31

淮扬菜有什么特点？

정답

A 수용도가 높다

32

淮扬菜为什么被称为文人菜？

정답

C 양저우 문화와 서로 관계있다

33

根据这段话，下列哪项正确？

정답

B 국빈 연회에는 각지의 요리 계통이 모인다

34-36

第34到36题是根据下面一段话：

唐朝诗人白居易写诗成癖，有"诗魔"之称，36.一生创作了近3000首诗歌(평생 3000편에 가까운 시가를 창작했다)。

34.白居易作诗注重捕捉灵感(바이쥐이는 시를 쓸 때 영감을 잡는 것을 중시했고)，并且有一个妙招——随时随地把捕捉到的灵感装到陶罐里。他的书房中放着很多陶罐，每个陶罐上面都分门别类地贴着标签。当创作灵感光顾时，他便立即写下来，然后根据其内容投到某个陶罐中，35.等到需要的时候，再从陶罐中取出来，细细斟酌，将素材加以修改整理成诗(필요할 때 다시 단지에서 끄집어내어 자세하게 숙고하고, 소재를 수정해서 시로 정리했다)。白居易对这些陶罐视若珍宝，从不允许他人乱碰。他外出时，还会专门带上一个陶罐，将沿途捕捉到的灵感随时投入其中。这些陶罐实际上成了白居易的文件夹。正是靠着这些陶罐，白居易把日常生活中碎片一样的灵感慢慢积累起来写成诗。后来，这些诗作都被收录在《白氏长庆集》中，成为后世文学宝库中熠熠生辉的瑰宝。

34

下列哪项是白居易作诗的特点？

정답

A 영감을 잡는 것을 중시한다

35

白居易书房中的陶罐是用来做什么的？

정답

D 창작 소재를 수집한다

36

根据这段话，下列哪项正确？

정답

B 바이쥐이는 천 편이 넘는 시가를 썼다

37-39

第37到39题是根据下面一段话。

　　南极的冰和北极的冰既有相同之处，又有很大的不同。主要原因是南极是大陆，39.而北极没有陆地(북극에는 육지가 없는데)，换句话说，北极的冰全部是在海中冻结的，而南极的冰是在陆地上冻结后断裂脱落到海里形成了冰山，漂浮在海面上。这些冰山露在海面上的是一个平面形，37.顶部尤为平坦(꼭대기 부분이 특히 평탄한데)，北极则几乎没有这种冰。

　　毫无疑问，在陆地上结成的冰是淡水，然而有趣的是，38.在海中冻结的冰竟然也是淡水(바다에서 얼어 붙은 얼음은 뜻밖에도 민물이다)。这是因为冰在海水中冻结的时候，海水受到了波浪和风的影响，所以只能勉勉强强挤入细小的冰粒间，冰块中只留下一丁点儿海水的痕迹。由于其中的海水极少，所以在海水中冻结的冰几乎没什么咸味儿。大致来说，冰是一种单矿盐，不能和他物共处，而水在结晶过程中会自动排出杂质，以保持其纯洁。因此海水冻结时产生的冰晶是淡水冰。目前，有些淡水资源缺乏的国家正计划用船将南极的冰川运回国作为饮用水。

37

关于南极的冰，下列哪项正确？

정답

C 빙산 꼭대기 부분은 평평하다

38

在海水中冻结的冰有什么特点？

정답

B 민물 자원으로 사용할 수 있다

39

根据这段话，可以知道什么？

정답

A 북극에는 육지가 없다

40-43

第40到43题是根据下面一段话：

　　40.过去在养殖生蚝的沿海地区(과거 생굴을 양식하는 연해 지역에서는)，村民为了避免海风、海水与大雨侵蚀房屋，于是就地取材，把大量海蛎壳嵌在房屋的外墙上，以此达到防风防潮的目的。这就是蚝壳墙的雏形。以广东为例，人们将一块蚝壳整齐而有序地排列起来，41.形成一面凹凸不平的墙体(울퉁불퉁 평평하지 않은 벽을 형성했고)，最后筑成由三面完整的蚝壳墙和一面普通的砖墙组成的蚝壳屋。其中，墙的厚度可达50厘米，巨大的蚝壳全部凸显，使得建筑外墙呈现出非常独特的纹理效果。

　　蚝壳屋适应了沿海地区潮湿的气候环境，42.不仅具有防虫、防水的功能，同时还具备冬暖夏凉的特点(방충, 방수의 기능이 있을 뿐만 아니라, 동시에 겨울에는 따뜻하고 여름에는 시원한 특징을 갖추고 있고)，经济实用，因而历史上广受沿海地区人们的喜爱与欢迎。不过随着建筑材料的改变与建筑工艺的提高，当地人已

不再采用这种方式筑房。 43.现在仅存的一些蚝壳屋已成为当地独具特色的旅游景点(지금 겨우 남은 일부 굴 껍데기 집은 이미 현지의 독특한 특색을 가진 여행 명소가 되었다)。

40

蚝壳屋出现在什么地区？

정답

B 연해 지역

41

关于蚝壳屋的外形可以知道什么？

정답

C 굴 껍데기 집은 울퉁불퉁 평평하지 않다

42

下列哪项不属于蚝壳屋的特点？

정답

B 방화

43

关于蚝壳屋的现状，下列哪项正确？

정답

D 특색 있는 여행 명소가 되었다

44-47

第44到47题是根据下面一段话：

尽管中国人在食材的选择上已经实现了统一，但由于地理环境和气候的差异，各地在五味的偏好上始终保持着各自的特色。44.比如四川人嗜辣，是因其地处盆地，潮湿多雾(예를 들어 쓰촨 사람들이 매운 것을 좋아하는 것은 분지에 위치하여 습하고 안개가 많아서)，经常吃辣可以驱寒驱湿。山西人与醋结下不解之缘，则是由于当地水土碱性大，易在体内形成结石，多食醋可以起到软化体内结石的作用。

"南甜北咸"这一地域口味差异也是同样的道理。北方冬天寒冷，新鲜蔬菜比较少，人们便会在冬季来临前用盐把蔬菜腌制起来，留着过冬食用。久而久之，北方人就养成了吃咸的习惯。而南方雨水充沛，气候温热，很多食材都含有一定的糖分，南方人自然就养成了嗜甜的口味。然而在宋朝之前，南方人与北方人的口味偏好与现在却截然相反。"南人嗜咸，北人嗜甘"，原因跟上面的解释相似。45.北方昼夜温差大，适合植物积累糖分(북방은 주야의 온도 차가 커서, 식물이 당분을 축적하기에 적합하고)，而南方天气炎热，人们容易出汗，所以需要及时补充盐分，加之东南沿海地区享有鱼盐之利，食物常常被做成咸鱼、腊肉等，以便保存。

对于现代南北方口味调换这一情况，46.有人认为是后来大规模移民造成的(어떤 사람은 후에 대규모 이주민이 초래한 것으로 생각한다)。事实上也的确如此，47.中国八大菜系的形成(중국 8대 요리 계통의 형성)和众多民间美食的发展在很大程度上就有赖于人口，以及 46.不同饮食文化的往来交流(서로 다른 음식 문화의 왕래와 교류)。

44

关于四川可以知道什么?

정답

A 기후가 습하다

45

"南人嗜咸，北人嗜甘"，"甘" 是什么味道?

정답

B 단맛

46

下列哪项是南北方口味调换的原因?

정답

C 이주민이 가져온 음식 문화 교류

47

根据这段话，下列哪项正确?

정답

C 중국은 현재 이미 8대 요리 계통을 형성했다

48-50

第48到50题是根据下面一段话:

很多行业都有专业的人才挖掘队伍，比如 48.在青少年比赛的球场边，常常会聚集着球探(청소년이 경기하는 경기장 주변에는 종종 스카우트가 모여 있다). 他们目不转睛地盯着球场上小队员的表现，想努力从中挖掘出未来受世界瞩目的球星。

在图书领域，类似的角色则被人称为书探。书探的主要职责是挖掘作者，遇到好的作家苗子后，就去精心培养和包装他们。球探成功的标志是挖掘出多少名球星，49.而书探的勋章则是经手了多少本畅销书(책 스카우트의 훈장은 몇 권의 잘 팔린 책이 자신의 손을 거쳤나 하는 것이다). 50.书探一方面要从浩如烟海的文字中敏锐地发现有市场价值的那一小部分，另一方面则要和出版商等人打交道，给他们提供有潜力的书籍和作者的必要资料(책 스카우트는 한 편으로는 바다처럼 넓은 글 속에서 날카롭게 시장 가치가 있는 그 작은 부분을 발견해야 하고, 다른 한 편으로는 출판업자 등 사람들과 연락해서 그들에게 잠재력 있는 서적과 작가의 필요한 자료를 제공해야 한다). 出版社再根据这些信息来决定购买哪本书的版权，然后将其出版，投放市场。

48

根据这段话，球探经常出现在什么场所?

정답

B 청소년의 구기 경기 현장

49

如何衡量一名书探是否成功?

정답

D 손을 거쳐 잘 팔린 책의 수량을 본다

50

下列哪项不属于书探的职责范围?

정답

A 작품을 다듬는다

二、阅读 · 독해

✓ 第一部分 · 제1부분

51

해설

C '的注意'를 생략하거나 동사 '打动'을 '吸引'으로 수정

52

해설

B '大约' 혹은 '左右' 중 하나를 생략

53

해설

D '不但'을 '不是'로 수정

54

해설

C '化学反应' 앞에 동사 '发生'을 삽입

55

해설

D '成为了'를 '已经' 바로 뒤로 이동

56

해설

D '是否'를 생략

57

해설

D '参加'를 '参观'으로 수정

58

해설

A '特殊一门'을 '一门特殊'로 수정
(수량사는 형용사 앞에 사용)

59

해설

B 目的是汇聚资金和智力要素로 사용

60

해설

D '唯一' 혹은 '之一' 중 하나를 생략

✓ 第二部分 · 제2부분

61

해석

恭王府는 청나라의 가장 큰 황족 저택으로, 1851년 공친왕이 그것의 주인이 되고, 恭王府의 명칭도 이로부터 온 것이다. 恭王府는 청 왕조의 전성기로부터 멸망까지의 역사적 과정을 겪었고, 매우 풍부한 역사 문화적 정보를 담고 있으며, 그래서 중국에는 '한 채의 恭王府는 절반의 청나라 역사'라는 말이 있다.

62

해석

옛사람들은 맛있는 음식을 감정하는 것이 고상한 일이며, 요리하는 것은 체면을 잃는 것으로 생각했다. 맹자 또한 일찍이 '군자는 부엌을 멀리한다'라고 말했다. 그러나 소식은 예외였는데, 그는 주방에 가는 것을 매우 좋아했고, 게다가 '东坡鱼', '东坡肉' 등 오늘날까지 많이 전해져 오는 유명한 요리를 만들어냈다.

63

해석

한자의 기원은 여러 가지 설이 있는데, 예를 들면 '结绳', '书契' 등이 있다. 이 외에, 고서에는 보편적으로 창힐이 글자를 만들었다는 전설이 기재되어 있다. 어떤 학자는 체계를 이루는 문자 도구는 완전히 한 사람이 창제해내는 것이 불가능하며, 창힐에 대해 말하자면, 만약 확실히 그 사람이 있었다면 그는 아마도 문자의 정리자나 반포자이지, 문자의 창조자는 아닐 것이라고 생각한다.

64

해석

'拒买族'란 1년 동안 생활필수품 외에 더는 어떠한 새로운 것도 구매하지 않는 종류의 사람을 가리킨다. 拒买族는 조금 극단적으로 보이지만, 그러나 그들은 이성적인 구매를 숭배하고, 낭비를 거절하며, 범람하는 물질이 생활의 본질을 감추는 것을 반대하고, 사람들로 하여금 새롭게 생명의 진정한 의미와 즐거움의 원천을 찾게 한다.

65

해석

晋商은 통상적으로 명나라와 청나라 500년간의 산시 상인을 가리키며, 그 역사는 멀리 춘추전국시기까지 거슬러 올라간다. 晋商이 경영하던 업종은 소금업, 어음 등을 포함하였으며, 그중 어음이 가장 유명했다. 晋商은 또한 중국에 풍부한 건축 유산을 남겼는데, 예를 들면 명성이 자자한 乔家大院이 있다.

66

해석

《80일의 지구여행》, 《해저 2만 리》 등 '평범하지 않은 여행' 시리즈의 SF 소설들을 기반으로, 쥘 베른은 인류를 위해 아름다운 미래의 모습을 그려냈다. 쥘 베른의 소설 속에서 인물은 도식화되고, 소설의 장면은 과학 기술 성과와의 큰 전람으로 변했다. 후에 많은 과학자가 모두 자신이 쥘 베른에게서 깨우침을 받아 과학의 길로 들어섰다고 솔직하게 말했다.

67

해석

2개월 전, 상하이 쓰난 소광장에는 30㎡ 크기의, 겨우 60일만 존재하는 '플래시몹 서점'이 생겼다. 이 플래시몹 서점은 인기가 매우 높았다. 이것은 물론 이 플래시몹 서점이 매일 한 명의 작가를 서점에 머무르며 독자와 교류하도록 초청한 것과 관계가 있지만, 더더욱 플래시몹 서점의 참신한 서비스 방식, 독자에게 가져온 더 좋은 독서와 구매 체험과도 아주 밀접하다.

68

해석

기대감이 가리키는 것은 교사가 학생의 발전 가능성에 대해 내포하고 있는 기대이다. 비록 어떤 학생은 어떤 방면에서 교사의 희망과 요구에 미치지 못하지만, 그러나 교사는 여전히 학생에 대해 깊이 믿고 의심하지 않으며, 학생의 잠재력을 발굴하며, 게다가 격려해주어 그들이 반드시 기준에 맞는 인재가 될 수 있을 것이라고 믿는다.

69

해석

슬로푸드 주의자들은 음식의 맛은 오직 자세하게 씹은 후 충분히 나타나는 것이며, 패스트푸드는 사람들의 입맛을 천편일률적으로 만들고, 더군다나 많은 짙은 지방적 특색을 가진 전통 음식이 점차 사라지게 만든다고 생각한다. 빠른 리듬의 오늘날, 우리는 아마도 조금 멈추어서 음식의 맛을 천천히 맛보고, 그러한 사라질 지경에 이른 전통 음식으로 하여금 다시 식탁으로 돌아오게 해야 할 것이다.

70

해석

우표 수집은 우표 및 기타 우체 용품을 주요 대상으로 하는 수집, 감상, 연구 활동이다. 우표는 '세계의 명함'이라는 명칭이 있고, 모든 국가가 우표 위에 가장 본국의 대표성을 가진 것을 드러내 보여주는데, 그래서 작디작은 우표는 모든 것이 망라되어 있는 박물관이 되었다. 각종 우표를 수집하고 연구하는 것을 통해, 우표 수집자는 지식을 배울 수 있을 뿐만 아니라, 상당한 인격도 기를 수 있다.

✅ 第三部分 · 제3부분

71-75

해석

공기 중에서 소리를 내지 않고 이동할 수 있는 것은 결코 조류만 있는 것이 아니다. 연구원은 부엉이가 무음 비행을 하는 것에서 영감을 받아 세운 풍력발전소는 71·B 부근 주민들에게 방해를 주지 않는 상황에서 더 많은 에너지를 발생시킨다고 말했다.

풍력발전소의 발전 원리는 다음과 같다. 터빈이 풍력을 이용하여 추진기와 같은 날개를 회전부를 돌며 회전하게 하고, 더 나아가 72·A 무공해 전력을 생산한다. 그러나 환경보호 주의자들은 줄곧 풍력발전소의 터빈이 내는 소음이 육지와 해양 생물에게 영향을 줄 것이라고 걱정한다. 이와 동시에 풍력발전소 부근에서 생활하는 주민들도 그것이 조용히 운행하기를 희망한다.

따라서 연구원들은 부엉이의 몸에서 영감을 얻었는데, 73·D 왜냐하면 부엉이들은 이름난 '침묵의 포식자'로, 사냥할 때 그것의 소리 나지 않는 날개는 종종 사냥감으로 하여금 전혀 느끼지 못하게 한다. 동시에 74·E 두꺼운 솜털도 날개 표면의 기압을 감소시키고, 따라서 전혀 소리가 나지 않는 효과에 이르게 된다.

이어서 연구원들은 부엉이의 '날개'를 모방해서 제조했다. 그들은 비행기 날개를 구해왔고, 또한 날개 위 표면 가장자리에서 왔다 갔다 미끄러져 움직이는 날개 조각을 장착했다. 날개 조각은 마치 부엉이의 깃털처럼 균등하게 분포했고, 이렇게 하면 비행기 날개의 표면 압력을 분산시키고, 따라서 그것이 발생시키는 음파를 감소시킨다. 75·C 날개 조각이 없는 비행기 날개와 비교했을 때, 이러한 모방해서 제조한 '날개'는 소음을 많이 감소시킨다.

76-80

해석

당신이 열대 우림에서 한가롭게 거닐 때, '빗방울'이 하늘에서 흩어져 떨어진다는 것을 느낄 수 있다. 만약 당신이 자세하게 관찰한다면, 이러한 '빗방울'은 낮은 층의 나뭇잎에서 흘러내린다는 것을 발견할 수 있을 것이다. 76·D 이러한 나뭇잎은 모두 뾰족하고 가늘고 긴 꼬리가 있는데, 물방울은 나뭇잎 표면에서 꼬리로 모이고, 그런 다음 꼬리를 따라 나뭇잎 끝으로 흘러가고, 마지막으로 떨어져 내리는

데, 사람들은 그것을 '滴水叶尖'이라고 부른다. 많은 식물에서 77·B 가장 전형적인 것은 보리수로, 그것의 나뭇잎 끝의 길이가 수 센티미터에 달한다.

'滴水叶尖'의 형성은 적도 부근의 고온다습한 기후와 관계가 있다. 78·C 열대 우림의 내부는 매우 축축해서, 상대습도가 90% 이상에 달하는데, 공기 중의 수증기는 종종 잎의 표면에서 한 층의 막으로 맺히고, 게다가 열대 우림의 토양도 습도가 높고, 식물의 뿌리 또한 수분을 흡수해서, 수분을 가득 머금은 잎으로 하여금 호흡할 때 쉽게 수증기가 생기게 만들고, 79·A 따라서 아주 쉽게 잎 표면에 물방울을 형성하게 된다. 이러한 수막을 배출해내기 위해, 식물은 수만 년의 진화를 거쳐, 결국 그들의 잎은 꼬리 모양의 뾰족한 나뭇잎 모양을 형성했고, 아래로 늘어진 꼬리 모양의 뾰족한 나뭇잎은 잎 표면의 수막이 한데 모이게 이끌기에 더 쉬워졌으며, 물방울로 변해 떨어지고, 80·E 따라서 잎으로 하여금 신속하게 건조하게 변화시킨다. 이렇게 하면 잎의 증발 작용에 이로울 뿐만 아니라, 균류, 이끼, 조류 등 일부 미생물에 의해 침입당하고 덮여 광합성 작용을 방해하는 것을 피할 수 있다. 동시에 일부 잎 표면에 붙어있는 유충과 기타 가용성 물질을 씻어내고, 병충해를 감소하고, 잎 표면의 호흡을 촉진할 수 있다.

✅ 第四部分 · 제4부분

81-84

81

해석

2번 단락

首先，它可以节约社会资源。

(첫 번째, 그것은 사회자원을 절약할 수 있다.)

其次，可以减少疾病传播。

(두 번째, 질병의 전파를 감소시킬 수 있다.)

最后，推广"无现金社会"能够杜绝假币，使人免受假币的侵害。

(마지막으로, '무현금 사회'가 되면 위조 화폐를 막을 수 있어서, 사람들로 하여금 위조 화폐의 침해를 당하지 않게 한다.)

다음 중 어느 것이 '무현금 사회'가 가져오는 좋은 점에 속하지 않나?

정답

C 화폐 가치가 떨어지는 것을 예방한다

82

해석

3번 단락

在安全方面，由于电子支付的每一笔交易信息都能被追踪到，这极易导致个人隐私被非法泄露。

(안전 방면에서, 전자 지불의 첫 번째 교역 정보는 추적이 가능하기 때문에, 이것은 개인 프라이버시가 불법으로 누설되는 결과를 매우 쉽게 초래할 수 있다.)

문제

3번 단락에 근거하여, 무엇을 알 수 있나?

정답

D 전자 지불은 안전의 위험이 있다

83

해석

4번 단락

保护公民的个人隐私等，都是有待解决的问题。

(국민의 프라이버시를 보호하는 등은 모두 해결할 필요가 있는 문제이다.)

문제

'무현금 사회'의 발전을 효과적으로 추진하기 위해, 무엇을 해야 하나?

정답

B 국민의 프라이버시를 보호한다

84

해석

2번 단락

推广 "无现金社会" 对于社会和个人都有很多积极意义，

('무현금 사회'를 보급하는 것은 사회와 개인 모두에게 많은 긍정적 의미가 있는데.)

3번 단락

然而，推广 "无现金社会" 也面临着一些问题。

(그러나 '무현금 사회'를 보급하는 것은 또한 약간의 문제에 직면해 있다.)

문제

위 글의 제목으로 가장 적합한 것은?

정답

C '무현금 사회'의 반가운 점과 우려되는 점

85-88

85

해석

3번 단락

外观童真有趣、各式各样。

(외관은 천진무구하며, 여러 가지 모양을 갖고 있다.)

문제

그 예술가가 설계한 새 둥지는 어떤 특징이 있나?

정답

A 천진무구한 느낌이 풍부하다

86

해석

3번 단락

他设计制造的鸟巢完全由这些废弃材料制成，

(그가 설계하고 제작한 새 둥지는 완전히 이러한 폐기한 재료들로 만든 것이고,)

문제

3번 단락의 줄 쳐진 '这种方式'가 가리키는 것은?

정답

B 폐기한 재료를 사용하여 새 둥지를 만들었다

87

해석

4번 단락

他还想创立一所学校，专门教人们如何循环利用废料。

(그는 또 학교를 하나 세워서, 사람들에게 어떻게 폐품을 순환 이용할 것인지 전문적으로 가르치고 싶어한다.)

문제

그 예술가는 미래에 대해 어떤 계획이 있나?

정답

C 학교를 세워 그의 이념을 가르친다

88

해석

2번 단락

他认为，鸟儿是少数仍旧居住在城市里的动物，一定要确保它们能够继续居住下去，人们在城市里也要为鸟儿留出生存空间。

(그는 새는 소수가 여전히 도시 안에 거주하고 있는 동물이며, 그들이 계속 거주할 수 있게 확실히 보증해주어야 하고, 사람들은 도시에 새가 생존할 공간을 남겨두어야 한다고 생각한다.)

문제

다음 중 어느 것이 예술가의 관점인가?

정답

D 도시에는 새가 살 수 있는 곳이 있어야 한다

89-92

89

해석

2번 단락

深究其原因，便可发现这是因为马拉松的核心价值，更多体现在人的心智层面，而不是人的身体层面。

(그 원인을 깊이 연구해보면, 이것은 마라톤의 핵심 가치가 사람의 신체 방면이 아닌 심리 방면에서 훨씬 더 많이 드러난다는 것을 발견할 수 있다.)

문제

마라톤이 매우 관심을 받는 원인은 무엇인가?

정답

B 사람의 심리적인 면을 단련한다

90

해석

3번 단락

因为每场马拉松比赛背后都有一个巨大的消费市场。

(왜냐하면 매번 마라톤 경기 배후에는 거대한 소비 시장이 있기 때문이다.)

문제

3번 단락에 근거하여, 마라톤의 발전을 촉진하는 동력은 무엇인가?

정답

B 나날이 성장하는 시장

91

해석

4번 단락

马拉松热可以带动赛事相关产业发展，

(마라톤 열풍은 경기와 관련된 산업 발전을 선도할 수 있고,)

举办马拉松能够带动市民参与体育锻炼，

(마라톤을 개최하면 시민들의 체육 단련 참여를 이끌 수 있고,)

赛事的举办还会促使政府进行城市环境综合治理，改善城市生态环境。

(경기의 개최는 또한 정부로 하여금 도시 환경을 종합적으로 관리하고, 도시 생태 환경을 개선하도록 한다.)

문제

도시가 마라톤을 개최했을 때의 좋은 점에 포함되지 않는 것은?

정답

D 시내 지역 도로 계획을 개선한다

92

해석

1번 단락

当下，你会发现城市中有越来越多的人在夜跑。这与中国日益火爆的马拉松赛事是分不开的。

(지금 당신은 도시에서 갈수록 많은 사람이 저녁 러닝을 하는 것을 발견할 수 있다. 이것은 중국의 나날이 폭증하고 있는 마라톤 대회와 연관되어 있는 것이다.)

2번 단락

为什么唯独马拉松最近如此受关注呢？

(왜 유독 마라톤은 최근 이처럼 관심을 받는 것일까?)

문제

위의 글의 제목으로 가장 적합한 것은?

정답

C 마라톤 열풍이 중국을 휩쓸다

93-96

93

해석

3번 단락

字库塔的造型与风格各不相同，

(字库塔의 조형과 스타일은 각기 다른데,)

문제

字库塔의 조형에 관해, 무엇을 알 수 있나?

정답

A 스타일이 각기 다르다

94

해석

3번 단락

有的……，未加太多修饰。

(어떤 것은… 너무 많은 장식을 더하지 않았다.)

문제

3번 단락의 줄 쳐진 표현 '雕梁画栋'이 가리키는 것은?

정답

B 장식이 화려하다

95

해석

4번 단락

焚烧字纸时不仅有专人负责，还有专门的礼仪，

(파지를 태울 때는 전문적으로 책임지는 사람이 있을 뿐만 아니라, 전문적인 예의도 있는데,)

문제

파지를 태우는 과정에 관해 무엇을 알 수 있나?

정답

B 예의를 매우 중요시한다

96

해석

4번 단락

崇拜文化、尊重读书人的社会风气进而演变成了对文字的崇拜，

(문화를 숭배하고 학자를 존중하는 사회 분위기는 더 나아가 문자에 대한 숭배로 발전했고,)

문제

위의 글에 근거하여, 다음 중 어느 것이 옳은가?

정답

D 字库塔의 보급은 문화 숭배를 반영했다

97-100

97

해석

2번 단락

可刘晏却胸有成竹，

(그러나 리우옌은 이미 마음속에 모든 준비가 되어 있었고,)

문제

운송을 관할하는 업무에 대해 리우옌은 어떤 태도였나?

정답

C 자신감으로 넘쳤다

98

해석

3번 단락

这引起了不少官员的不满，他们认为目前国家财政紧张，应厉行节约，可刘晏花钱却大手大脚，

(이것은 적지 않은 관리들의 불만을 불러일으켰는데, 그들은 지금 국가 재정이 부족해서 절약을 엄격히 시행해야 하는데, 그러나 리우옌은 돈을 헤프게 쓴다고 생각했고,)

문제

왜 어떤 사람들은 리우옌의 개혁에 반대했나?

정답

D 그가 국가 재산을 낭비한다고 생각했다

99

해석

3-4번 단락

并雇用了一批专门的船工、装卸工等。

(또한 전문적인 선원들과 하역공 등을 고용했다.)

刘晏将过去的直运法改为"四段运法"，即将全程分成4个运输段，每段配备规格合适的运输船，并在河道的交界枢纽处修建粮仓。

(리우옌은 과거의 직접 운송법을 '4단계 운송법'으로 고쳤는데, 즉 전체 과정을 4개의 운송 단계를 나누고, 매 단계에 규격이 적합한 운송선을 배치하였으며, 또한 수로의 경계선 요점에 양식 창고를 건설했다.)

문제

다음 중 어느 것이 리우옌의 운송 개혁의 내용에 속하지 않나?

정답

B 전 코스의 운송선 규격을 통일했다

100

해석

5번 단락

刘晏的改革解决了粮荒问题，粮价日趋稳定，长安又恢复了往日的繁荣。

(리우옌의 개혁은 식량 기근 문제를 해결했고, 식량 가격은 나날이 안정되었으며, 창안은 또 예전의 번영을 회복했다.)

문제

위의 글에 근거하여 무엇을 알 수 있나?

정답

A 리우옌의 개혁은 성과가 뚜렷했다

三、书写 　　　쓰기 해석

101

해석

　　　　　　　이윤의 관건

　　거리에서 한 무리의 젊은이들이 조사 설문지를 들고 행인들에게 자신의 취향에 따라 두 가지 스타일의 차의 외관에 점수를 매기도록 했는데, 첫 번째는 아름답고 부드러웠으며, 두 번째는 와일드하고 역동적이었다.

　　며칠 후, 피비라는 이름의 젊은이는 데이터를 정리하고, 그런 후에 상사 루츠에게 제출했는데, 알고 보니 이 회사는 막 한 스타일의 자동차를 개발해냈는데, 그러나 고위층은 차의 외관에 대해 두 가지 상반 의견을 가지고 있었다. 일부 사람들은 그것이 부드럽고 아름다운 외형과 배합되어야 한다고 생각했고, 다른 일부 사람들은 와일드한 외형이 더 시장성이 있다고 생각했다. 그래서 루츠는 대중들로 하여금 선택하고 결정하게 하자고 제안했다.

　　피비가 제공한 데이터에 근거하면, 첫 번째 차의 평균 점수는 7.5점이었고, 두 번째는 겨우 5점이었다. 루츠는 조사 설문지를 펴보고는 웃기 시작했다. 피비는 그가 첫 번째 스타일을 선택할 것이라고 생각했는데, 뜻밖에도 루츠가 출시하려는 것은 5점의 그 스타일이었다. 그는 5점을 얻은 그 스타일은 누군가가 극히 그것을 좋아하는 것이지만, 다른 스타일은 그것을 반드시 구매해야 할 정도로 그것을 좋아하는 사람은 없다고 설명했다. 현재 자동차 업계는 경쟁이 치열하고, 그래서 그들은 잠재된 고객을 찾아내려고 했으며, 그러한 높은 점수를 준 소수의 사람이 바로 진정한 잠재된 고객이었다.

　　빠르게 회사는 '소수의 사람을 위해 신제품을 개발하자'라는 사고의 방향에 따라 와일드한 외관을 가진 새 차를 출시했고, 이 스타일의 차는 빠르게 모두 다 팔렸다.

　　이것은 많은 기업에 시사하는 바를 준다. 새 제품을 출시할 때, 다수 사람의 만족은 종종 소수 사람의 열광보다 못 하다. 후자야말로 기업이 이윤을 얻는 관건이다.

모의고사 2회 실전 모의고사 정답

一、听力 듣기

第一部分 제1부분	1	D	2	D	3	A	4	C	5	A
	6	B	7	C	8	B	9	D	10	D
	11	D	12	C	13	D	14	A	15	C
第二部分 제2부분	16	C	17	B	18	A	19	A	20	C
	21	C	22	D	23	B	24	D	25	A
	26	C	27	A	28	B	29	A	30	D
第三部分 제3부분	31	C	32	B	33	D	34	B	35	A
	36	A	37	B	38	D	39	C	40	B
	41	A	42	C	43	D	44	D	45	B
	46	C	47	C	48	A	49	D	50	A

二、阅读 독해

第一部分 제1부분	51	D	52	B	53	D	54	D	55	C
	56	D	57	A	58	D	59	D	60	C
第二部分 제2부분	61	C	62	B	63	A	64	D	65	D
	66	C	67	D	68	A	69	C	70	B
第三部分 제3부분	71	B	72	E	73	C	74	A	75	D
	76	E	77	A	78	C	79	B	80	D
第四部分 제4부분	81	D	82	D	83	A	84	B	85	B
	86	D	87	A	88	C	89	A	90	B
	91	C	92	D	93	B	94	A	95	C
	96	A	97	B	98	C	99	A	100	D

三、书写 쓰기

101   [모범 답안]

意外的收获

　　一家连锁零售店为了扩大品牌影响力，举办了一个活动。在推广视频中，总经理说，顾客可以带自己的杯子来买冷饮，不管杯子多大，价钱都是10块钱。

　　这个活动引发了热议，人们都争取用10块钱买到更多冷饮。活动当天，所有分店门口，都有人捧着各种各样的杯子排队。

　　中午，一家分店门口出现一个小伙子，他带来一个超大型不锈钢水桶，并从桶里拿出一根吸管，但他违规了，工作人员阻止并告诉他不能借助工具，小伙子说抱歉以后离开了。一小时后，他又带来一根塑料软管，软管其中一头堵上了，他用30分钟接了40公斤冷饮，最后在抱怨声中离开了。

　　店长向总部报告，总经理很欣赏小伙子。这个活动持续到晚上，零售店不但赚了钱，还使该店品牌更深入人心。

　　总经理后来找到了小伙子，原来他是一名大学生。总经理认为他能在那么多限制下想出办法，也必定有能力在困局中卖出更多冷饮，于是给了他聘用书，邀请他毕业后来营销部上班。这也算是活动的一个意外收获。

모의고사 2회 실전 모의고사 해석

一、听力 듣기

✅ 第一部分 · 제1부분

1

北宋画家易元吉以画猿猴、獐鹿而出名，为了准确表现动物的习性，他常常到深山中观察、揣摩它们的生活习性(그는 종종 깊은 산에 가서 그것들의 생활 습성을 관찰하고 탐구했다)。也曾在住所附近修建池沼驯养动物，仔细地观察动物的动静形态，因而他的画非常逼真、生动。

정답
D 이위앤지는 종종 회화대상을 관찰했다

2

"七月流火"本来的意思是说从农历五月至七月，大火星渐渐向西偏去，夏去秋来，天气随之变凉(날씨가 이에 따라 시원하게 변한다)。不过现在的人们用七月流火来形容天气炎热，这和其原意正好相反。

정답
D '七月流火'는 원래 날씨가 시원해졌음을 가리킨다

3

虚拟现实技术就是利用计算机生成模拟环境(가상 현실 기술은 컴퓨터를 이용해서 모의 환경을 생성해내어)，使人身临其境。目前这一技术已被应用到特殊教育领域，比如对于自闭症儿童来说，他们步入社会的最大障碍就是去适应不同环境，而虚拟场景切换训练十分有助于治疗。

정답
A 가상 현실 기술은 상황을 모방해낼 수 있다

4

铜是人类最早使用的金属。铜具有使用寿命长、抑菌、耐腐蚀和百分之百可回收等特点。早在遥远的夏商周时期，铜制品的使用就已经在日常生活中普及(하, 상, 주 시대에 동제품의 사용은 이미 일상 생활속에서 보급되었다)。

정답
C 동제품은 하, 상, 주 시대에 이미 보급되었다

5

有一天我感冒了，便发手机短信给好友求安慰。隔了半小时，她回了一条"开门"，我非常感动，心想她这么快就来看我了？于是我马上去开门。结果发现外面没人(결과적으로 밖에는 사람이 없다는 것을 발견했고)，这时，手机又收到一条信息："这样能多呼吸点儿新鲜空气"。

보기
A 친한 친구는 나를 보러 오지 않았다

6

点将台是长城的一个重要组成部分，它除了具有烽火台传递信息的功能外，<u>主要还用于排兵布阵、操练人马</u>(주로 군대를 배치하고 진을 치며, 사람과 말을 훈련하는 것에 사용되었다)。九门口的点将台是长城沿线所有点将台中保存最为完好的一座。

정답

B 点将台는 군사적 용도가 있다

7

营养学家反对人们吃快餐，鼓励人们吃粗粮，是因为快餐热量高，再加上人们一般都吃得快，往往还没感到饱时，热量就已经超标了。而粗粮咀嚼起来费时费力，<u>更容易让大脑有饱的感觉</u>(더 쉽게 대뇌로 하여금 배부른 느낌이 생기게 하고)，从而使人避免摄入过多热量。

정답

C 잡곡을 먹으면 쉽게 포만감이 생긴다

8

中国古典益智玩具有九连环、七巧板等，它们所蕴含的游戏原理，<u>涉及到数学中的几何学、运筹学等多门分支学科</u>(수학의 기하학, 경영 과학 등 여러 가지 하위 영역과 관련되어 있다)。这些益智玩具把数学和游戏结合起来，对于开发人的智力有很大的帮助。

정답

B 九连环은 수학 원리를 응용했다

9

人不可能总是按照自己的意愿去办事，比如跟他人存在利益关系时，<u>要想达到最佳的合作效果，就要懂得适当地妥协</u>(가장 좋은 협력 효과에 도달하려면 적당히 타협할 줄 알아야 한다)。只有这样，才能实现双赢或者多赢，才能更好地达成目标。

정답

D 협력을 할 때는 적당히 양보해야 한다

10

"五羊仙舞"是宋代用于祭祀的一支乐舞，据说它是根据五位仙人骑五色羊、驮五谷到广州的民间故事而编写的。<u>主要用于祈祷五谷丰登</u>(주로 풍년이 오기를 비는 데 사용하며)，有时也会用于帝王祝寿等活动，后来"五羊"便成了广州的代名词。

정답

D 五羊仙舞는 풍작을 비는 데 사용한다

11

在古代，中国人根据天文历法的演算，把一天分为12个时辰，一个时辰等同于现在的两个小时。钟表刚传入中国时，一个时辰被叫做"大时"，一个钟头叫做"小时"(시계가 막 중국에 전해 들어왔을 때, 2시간은 '大时'라고 불리었고, 1시간은 '小时'라고 불렀다)。后来，大时一词消失了，而小时却沿用至今。

정답

D 小时의 유래는 시계와 관계가 있다

12

拙政园是苏州现存的最大的古典园林，全园以水为中心，山水萦绕，亭榭精美，花木繁茂，<u>具有浓郁的江南水乡特色(농후한 양쯔강 이남 지역 물의 고장의 특색이 있다)</u>。此外，园中还建有苏州园林博物馆，是中国唯一的园林专题博物馆。

정답

C 拙政园은 양쯔강 이남 지역 물의 고장의 특색이 있다

13

<u>教育即生长，言简意赅地道出了教育的本意(교육이 곧 성장이라는 말은, 간결하고 완벽하게 교육의 본래 의도를 표현해냈다)</u>。即教育要尊重人的天性，使他们与生俱来的能力得以提高，而不是单纯地灌输知识。只有懂得这个道理，教师才能选择正确的教育方式。

정답

D 교육의 근본 취지는 사람을 성장시키는 것이다

14

阳关是中国古代陆路对外交通的咽喉之地，也是丝绸之路南路必经的关卡<u>(양관은 중국 고대 육로의 대외 교통의 요충지였고, 또한 실크로드 남쪽 길에서 반드시 거쳐야 하는 관문이었다)</u>。历史上，阳关曾一度被人冷落，成为废墟。如今，阳关一带又重新繁华了起来，成为了西北地区最大的葡萄基地。

정답

A 양관은 일찍이 교통의 중요한 길목이었다

15

<u>工作时，短时间的休息(일할 때 짧은 시간의 휴식은)</u>不仅有助于提高创造力与问题解决能力，<u>还有助于使免疫系统维持良好的平衡状态(또한 면역 계통이 좋은 평형 상태를 유지하게 하는 데 도움이 된다)</u>。睡眠专家建议：休息时间应为20分钟，并且为了不影响晚上的睡眠，最佳的休息时间段应是在下午两点到四点之间。

정답

C 일할 때의 짧은 시간 휴식은 건강에 유익하다

✔ 第二部分 · 제2부분

16-20

第16到20题是根据下面一段采访：

女：请问，你对互联网教育产品有什么看法？

男：最基本的判断是，<u>16.互联网教育产品在很长一段时间内还会是主流教育产品的补充(인터넷 교육 제품은 오랜 시간 동안 여전히 주류 교육 제품의 보충이었습니다)</u>。另外，我们仔细分析了一些教育产品的用户，发现非常多的用户来自我们不太关注的省份。原因在于那些地方缺少好的教学资源，而互联网就成为了他们获得教育资源非常好的途径。

女：其他互联网公司也在做教育平台，但从目前的口碑来看，没有想象中的有颠覆性。你觉得这是为什么呢？

男：我们做互联网产品已经有很长时间了，我们深知用户的苦恼并不会因为互联网而

瞬间解决，这需要一个过程。回想那些成功的教育机构创造的最大价值是什么，除了抓住教学核心内容之外，17.就是解决学习枯燥、坚持不下来的痛点(바로 학습이 무미건조하고 꾸준히 할 수 없는 불만을 해결하는 것입니다)。他们在教学中间加入了很多笑话，这是很大的创新突破。我觉得互联网教育也要有所突破，现在已经能够看到这样的苗头。最简单的一个是在网上可以及时上课。

女：同样是在线上课，你怎么理解慕课，你们跟慕课之间有什么差异性？

男：慕课和从前的远程教育的区别在于它有非常强的学生参与度，以前的课大多数就是看一个视频而已。18.互联网本身是交互的，课程显然应该也是交互的。在这个层面上，我们和慕课是一致的(인터넷 자체가 상호적이고, 과정 또한 명백히 상호적인 것이어야 합니다. 이런 측면에서 우리와 온라인 공개 수업은 일치합니다)。简单地卖视频是不成的，用户是不会为这个东西付钱的。19.但是如果你有一套完整的服务体系，有老师、助教可以互动，可以批改学生的作业，能够到点提醒学生上课，课程的价值就会提高很多(그러나 만약 당신이 완벽한 서비스 체계가 있고, 교사와 조교가 서로 상호작용을 하고, 학생들의 숙제를 첨삭할 수 있고, 시간이 되었을 때 학생에게 수업을 해야 한다는 것을 일깨워줄 수 있다면, 과정의 가치는 크게 향상할 것입니다)。因为学生的苦恼往往不在于没有学习材料，而在于无法坚持。相比慕课，我们不一样的是直播部分比较强，而慕课大部分课是录播，这也给我们带来了挑战。因为录播可以做比较详细的编排，但是在直播情况下就比较困难。但直播也有自身优势，反应快，能够较好地适应变化。此外，20.直播也给了老师和团队

非常多的接触学生的机会(생방송은 교사와 단체에 아주 많은 학생과 접촉할 기회를 주었고)，也有利于改进方法。在这点上，我们很看重直播。

16

男的对互联网教育产品的定位是什么？

정답

C 주류 교육 자원의 보충

17

那些成功的教育机构最大的创新之处在于什么？

정답

B 학습을 더는 무미건조하지 않게 한다

18

男的认为自己的产品与慕课有什么共同点？

정답

A 상호적인 성격이 강하다

19

下列哪种功能不会提高课程的价值？

정답

A 유명한 선생님을 초청한다

31

20

男的如何看待直播?

정답

C 교사와 학생의 접촉이 많다

21-25

第21到25题是根据下面一段采访:

男: 您认为是什么原因导致现在中国的水墨动画减少了呢?

女: 21.首先是因为水墨动画的题材是比较特殊的(먼저 수묵 동화의 소재는 비교적 특수한 것이어서), 跟其它的表达形式不太一样。它需要有一定的水墨画知识, 甚至是绘画技巧。另一个比较重要的原因是, 中国动画的题材和拍摄方式逐渐受到外来动画影响, 形式越来越多样, 22.它针对的人群也不再仅限于少年儿童, 而是包括成年人, 甚至是老年人在内的广大观众群体(그것이 대상으로 하는 사람들도 더는 어린이에 국한되지 않고, 성인, 심지어는 노인에 이르는 많은 관중 집단을 포함합니다)。动画制作者也顺应了时代发展的趋势, 做那些观众感兴趣的动画作品。

男: 您觉得现在的动画导演首先应该具备什么样的素质?

女: 其实很简单, 23.主要就是创作思路要开阔(주로 창작 사고의 폭이 넓어야 합니다)。现有的作品存在一个很大的问题就是很多还是由古代的神话传说衍生出来的, 24.而从现代人出发的作品还太少, 不够贴近生活, 作品涵盖的面很窄(현대인으로부터 출발한 작품이 여전히 너무 적고, 그다지 생활에 근접하지 않으며, 작품이 포괄하는 범위가 좁습니다)。因此要想拿出好的作品, 还是要重

视对现实生活的学习和体会, 并且鼓励有想法的人参与进来。

男: 您对中国动画的现状满意吗? 有没有什么建议?

女: 现在各个地方都成立了动画公司, 它们为动画产业的发展提供了不少动力, 中国的动画作品越来越多了, 但更重要的一点是怎样进一步提高动画作品的质量。动画创作不是一蹴而就的, 它需要我们每个人都具备比较全面的素质, 比如音乐、审美等。动画创作不单单是画画儿好就可以, 要学习的知识很多, 并且要不间断地学习。另外, 25.我们需要更多原创的作品, 这也是一个非常值得关注的方面(우리는 더 많은 새로 창작한 작품이 필요하며, 이것 또한 매우 관심을 가질 가치가 있는 방면입니다)。

21

关于水墨动画可以知道什么?

정답

C 소재가 특수하다

22

中国动画有什么变化趋势?

정답

D 관중이 점차 다양화된다

23

动画导演应该具备什么素质?

정답

B 넓은 창작의 사고

24

现有的动画作品有什么不足之处?

정답

D 비교적 현실에서 벗어난다

25

女的对中国的动画产业有什么建议?

정답

A 새로운 창작 작품을 격려한다

26-30

第26到30题是根据下面一段采访:

女:跨界对设计师的工作有什么积极意义
呢?

男:跨界是时代发展的必然要求,想要做出
更好的设计需要跨界来汲取知识。设计
师需要了解各国的历史和文化才能做出
有年代感的东西。需要熟知地理,了解
地域风格和特点,才能把文化交融起
来;需要了解文学,实现设计主题的延
展,让设计更有内涵;需要保持对数学
数字的敏感力,把尺寸、模数做得更精
确。26.掌握跨界的智慧有助于设计师创
造突破自我的机会(크로스오버의 지식을 익히
는 것은 설계사들이 자신을 뛰어넘는 기회를 만드
는 데 도움이 됩니다)。

女:如何理解"设计要及时转身"这句话?

男:设计师要做传统文化的回顾,27.一
方面要关注细节,抓住房屋主人活动
的习惯,把空间设计得有温情(한편으
로 세부 사항에 관심을 가지고, 건물 주인의 활
동 습관을 파악하여 공간을 온정이 있도록 설계
해야 합니다)。另一方面要做减法,要
让简约有价值,找寻越来越缺失的匠
人精神,挖掘匠人工艺,让减法的设
计不减分。所以说设计要及时转身来
回顾一些传统的元素,停下来思考一
下,什么样的设计最适合当下人们的
生活状态。要把传统的工艺、元素和
符号做到精益求精,让空间更温暖。

女:现在私宅设计真正的关注点是什么?

男:28.家要追求和谐,要让家人参与设计(집
은 조화를 추구하고, 가족들이 설계에 참여하게 하
여),让孩子有成长的空间,让老人有回
忆,可以利用窗花、年画这些传统的中
国元素,给家带来温暖。

女:现代设计应该如何把握建筑与室内设计
的关系?

男:设计的目的不是把房子变得浮夸,变得
与环境脱离、不切实际的高大上。恰恰
相反,29.需要让建筑设计回归生活的本
质(건축 설계가 생활의 본질로 회귀하도록 해야 하
고),不让它影响环境,且和室内设计融
合,从而不影响人的内外感受。

女:请简单讲讲灯光照明和灯具的选择。

男:灯光照明有一个非常系统的类别,比如普
通的基础照明、重点照明、气氛渲染的照
明、夜灯照明等。不同区域的照明所选择
的灯具、照明角度以及照明强度要求也都
是不同的。30.控制好灯光的照射角度和
距离,就能有效地营造出不同的氛围(조명
이 비치는 각도와 거리를 컨트롤하면 효과적으로
서로 다른 분위기를 조성할 수 있습니다)。

26

学习跨界知识对于设计师有什么意义?

정답

C 자신을 뛰어넘는 데 이롭다

27

设计师需要关注什么细节?

정답

A 건물 주인의 활동 습관

28

在做私宅设计时,男的认为应该怎么做?

정답

B 가족들을 그 속에 참여시킨다

29

男的认为设计的目的是什么?

정답

A 생활의 본질로 회귀한다

30

为了营造室内气氛,需要控制好什么?

정답

D 조명의 비치는 각도와 거리

✓ 第三部分 · 제3부분

31-33

第31到33题是根据下面一段话:

陆绩在豫林郡当太守期间,31. 带领当地百姓发展生产、巩固城防、兴修水利、开办书院(현지 백성을 이끌어 생산을 발전시키고, 도시 수비를 공고히 하고, 수리 건설을 하고, 서원을 설립하여), 受到了百姓和有识之士的爱戴。

任期满后, 陆绩要乘船离开豫林郡。由于他为官期间一身正气、清正廉洁, 因此行李很少。32. 负责运送的船夫担心船太轻, 经不起风浪(운송을 책임졌던 뱃사공은 배가 너무 가벼워 풍랑을 견딜 수 없을까 걱정되어), 便从岸边搬了一块巨石放在船上, 直到将陆绩送上岸后才搬下来。出于对陆绩的敬仰与怀念, 老百姓便把这块石头叫做豫林石。这件事情流传开以后, 33. 豫林石便成为了廉洁奉公的象征(豫林石는 청렴결백하게 공무에 힘쓰는 것의 상징이 되었다)。

31

陆绩在任期间开展过什么工作?

정답

C 수리 공사를 건설했다

32

船夫为什么要将巨石搬到船上?

정답

B 배가 풍랑에 전복될까 걱정했다

33

豫林石后来象征什么？

정답

D 관리가 청렴결백하다

34-36

第34到36题是根据下面一段话：

飞机起飞时，是哪个大力士支撑着这个庞然大物在跑道上颠簸，积蓄了足够的能量后腾空而起？飞机着陆时，又靠哪个大力士吸收震动能量，使飞机能从震颤中平稳落地？34. 这个大力士就是起落架(이 힘센 장사는 바로 랜딩 기어이다)。它之所以这么厉害，是因为它是由一种叫做超高强度钢的材料制成的。

超高强度钢从研究开发到投入应用的时间加起来不过70多年，它是钢家族中年轻的成员。不过，不是随便什么钢都可以称为超高强度钢的。只有当钢的抗拉强度大于1800兆帕，屈服强度大于1400兆帕，36. 且兼有良好的塑性、韧性，才能进入超高强度钢团队(게다가 좋은 가소성, 강인성을 모두 가지고 있어야만 초강도 강철의 범위에 들어갈 수 있다)。35. 超高强度钢是当今世界使用强度最高的金属结构材料，它是一个国家具有高材料技术水平、冶金技术水平的标志(초강도 강철은 지금 세계에서 강도가 가장 높은 금속 구조 재료로, 그것은 한 국가의 재료 기술 수준, 금 제련 기술 수준의 지표이다)。在应用上，超高强度钢还是各种高端机械装备的传动齿轮、轴承、转轴、对接螺栓等关键部件的不可替代的材料。

34

大力士指的是什么？

정답

B 랜딩 기어

35

超高强度钢标志着什么？

정답

A 한 국가의 재료 수준

36

关于超高强度钢可以知道什么？

정답

A 강인성이 좋다

37-39

第37到39题是根据下面一段话：

微习惯是一种非常微小的积极行为，你需要每天强迫自己完成它。37. 比如每天做一个俯卧撑，每天读10分钟的书，这些都属于微习惯(예를 들어 매일 푸시업을 하고, 매일 10분 동안 책을 읽는 이런 것들이 모두 微习惯에 속한다)。

38. 微习惯不会对大脑造成太大的负担，所以更容易完成(微习惯은 대뇌에 너무 큰 부담을 초래하지 않고, 그래서 더욱더 쉽게 완성할 수 있다)。同时，从心理层面来看，当我们做一件事时，如果动力十足，往往没有任何事情阻碍我们。但没有动力的话，那谁也没法让我们继

续。微习惯由于心理认定任务简单，所需的动力少，所以目标也就更容易达到。迈出第一步，总是最重要的。任何一个能变成习惯的微小行为都有其重要性。39·只有先养成习惯，才能培养更强的能力，制定更高的目标(먼저 습관을 길러야만 더 강한 능력을 기르고, 더 높은 목표를 세울 수 있다).

37

下列哪种行为属于微习惯?

정답

B 매일 10분 동안 책을 읽는다

38

微习惯为什么容易养成?

정답

D 대뇌 부담이 적다

39

培养微习惯有什么意义?

정답

C 사람이 끊임없이 향상하려 노력하게 한다

40-43

第40到43题是根据下面一段话:

玻璃啤酒瓶比较笨重，在生产中耗能大，且极易发生爆炸。43·那么，为什么人们还用玻璃瓶装啤酒，而不用相对轻便、安全的塑料瓶呢(그렇다면 왜 사람들은 여전히 유리병으로 맥주를 담고, 상대적으로 간편하고 안전한 플라스틱병을 사용하지 않는 것일까)?

原来这是因为啤酒里含有酒精的有机成分，而塑料也属于有机物，如果用塑料瓶装啤酒，根据相似相溶的原理，塑料瓶中对人体有害的有机物就会溶于啤酒中。40·当人们饮用这样的啤酒时，也就将这些有毒物质摄入了体内，这样一来就会对人体造成危害(사람들이 이러한 맥주를 마셨을 때, 이러한 유독 물질을 체내로 섭취하게 되고, 이렇게 되면 인체에 해로움을 야기시키게 된다). 其次，由于啤酒的特殊性，啤酒瓶必须要耐压且能够保鲜。41·玻璃瓶具有良好的阻气性，且使用寿命长，耐压和保鲜性能均优于塑料瓶(유리병은 좋은 공기 차단성을 가지고 있고, 게다가 사용수명이 길고 압력을 견디고 신선도를 유지하는 성질이 모두 플라스틱병보다 우수해서)，所以玻璃瓶更适合用来装啤酒。另外，使用玻璃瓶时，应尽量选择深色的瓶子，42·这是因为啤酒的重要原料啤酒花对光很敏感(이것은 맥주의 중요한 원료인 홉이 빛에 민감하기 때문이다).

在紫外线的作用下会分解，产生令人不快的阳光锈，而深色玻璃瓶可以在一定程度上减少这种反应的发生。

40

用塑料瓶装啤酒有什么缺点?

정답

B 유독 물질이 생긴다

41

关于玻璃啤酒瓶的性能，下列哪项正确?

정답

A 압력을 견딘다

42

关于啤酒花可以知道什么?

정답

C 빛에 민감하다

43

这段话主要谈的是什么?

정답

D 유리병으로 맥주를 담는 원인

44-47

第44到47题是根据下面一段话:

在一般人看来，试睡员是一个令人羡慕的职业。他们不用花钱，就可以住遍全球豪华酒店，44.能一边玩儿一边赚钱(놀면서 돈을 벌 수 있다)。但实际上，试睡员的工作十分辛苦。他们既要当摄影师，又要当美食点评师，47.回到家后，他们还要把自己的感受写成报告(집으로 돌아온 후, 그들은 자신의 느낌을 보고서로 써야 한다)。

45.王强是个钢材销售员(왕치앙은 철강재 판매원인데)，因为工作原因经常出差。于是，他利用职务之便兼职做了一名酒店试睡员，至今已有5个年头了。他说："当试睡员最

大的好处就是虽然不能增加多少收入，但是能节省不少开支。"在他看来，试睡员的工作很辛苦。众所周知，外出旅行最怕的就是要一直换酒店，不仅浪费时间，还非常麻烦。但是对于试睡员来说，这些都是平常小事。有一次，王强去国外玩儿，为了体验更多的酒店，他在20多天内换了将近20个酒店。

王强说："从进入酒店的第一秒，试睡员的工作就开始了。"46.酒店工作人员的仪表是否得体(호텔 직원의 용모가 신분에 맞는지)，大堂的体感温度是否舒适，甚至每个酒店的味道，他都会细致地去感受。进入房间后，他会检查床品质量，查看卫生情况，试水温和水速，46.测试上网速度等等(인터넷 속도를 테스트하는 등등)。每一个普通旅客住酒店关注的事情，试睡员都得考虑到，并且要亲自体验。唯一的不同在于，46.试睡员要用照片和文字把这些记录下来(투숙 체험사는 사진과 문자로 기록을 해야 한다)。

44

一般人怎么看待试睡员这个职业?

정답

D 수월하고 돈도 번다

45

关于王强可以知道什么?

정답

B 판매원이다

46

下列哪项不属于试睡员的工作范围?

정답

C 무작위로 호텔 투숙객을 인터뷰한다

47

根据这段话, 下列哪项正确?

정답

C 투숙 체험사는 최종 보고서를 써야 한다

48-50

第48到50题是根据下面一段话:

植物和动物之间的基因差异并没有人们想象的那么大。实际上, 那些寻常花草树木都具备极为精密的感觉和调控系统。48.大多数动物能依据外部情况选择所处环境(대다수 동물은 외부 환경에 근거하여 생활할 환경을 선택할 수 있는데), 比如在风暴中选择掩蔽之处, 或随季节变化而迁徙等。然而植物不能运动, 无法向更好的环境迁移, 所以它们必须具备适应天气变化的能力, 以及抵抗邻居霸占自己的领地和害虫入侵。因此, 植物演化出了复杂的感觉和调控系统, 49.这使它们可以随外部条件的变化而调节自身(이것은 식물들이 외부 조건의 변화에 따라 자신을 조절할 수 있게 만들었다)。比如, 榆树必须知道它的邻居是不是遮住了阳光, 这样, 它才能想办法向有阳光的地方生长。莴苣必须知道是不是有贪婪的蚜虫正在啃食它的躯干, 这样, 它才能制造出有毒化学物质, 将其杀死。

在基因水平上, 植物比很多动物更为复杂。生物学领域很多重大发现就是通过研究植物而获得的。50.如17世纪中后期, 科学家利用原始显微镜研究软木塞, 第一次发现了细胞(예를 들어 17세기 중후반기에 과학자들은 초기 현미경을 사용하여 코르크 마개를 연구하였고 처음으로 세포를 발견했다)。19世纪, 又从豌豆的研究中得出了现代遗传学定律。

48

与植物相比, 动物在适应环境方面有什么优势?

정답

A 자유롭게 이동할 수 있다

49

植物演化出复杂的感觉和调控系统的目的是什么?

정답

D 외부 변화에 따라 자신을 조절한다

50

根据这段话, 可以知道什么?

정답

A 세포는 17세기에 발견한 것이다

二、阅读　　독해

✅ 第一部分 · 제1부분

51

해설

D 목적어가 없으므로 마지막에 '作用'을 삽입

52

해설

B '称得上' 혹은 '算' 중 하나를 생략

53

해설

D '把紫金花海让'에서 '把'를 생략하고, '让'을 '把'로 수정

54

해설

D '大约' 혹은 '多' 중 하나를 생략

55

해설

C '即便'을 '那么'로 수정

56

해설

D '多年努力的'를 '多年的努力'로 수정

57

해설

A '还想制作了'에서 '了' 생략
　(조동사가 있는 동사 뒤에는 동태조사를 사용할 수 없음)

58

해설

D '多种营养物质' 앞에 서술어가 없으므로 '富含'을 삽입

59

해설

D '防止'를 생략

60

해설

C '展览'을 '展示'로 수정

✅ 第二部分 · 제2부분

61

해석

　모투어 지역 내에는 두 개의 히말라야산맥의 고봉이 있는데, 마치 두 개의 너무 높아서 올라갈 수 없는 둘러싸여진 담과 같아서, 그 지역을 외부와 단절시킨다. 이렇게 독특한 환경에서 자라나 생긴 모투어는 천연의 절세의 아름다운 풍경을 가지고 있을 뿐만 아니라, 80여 종의 국가급 중점보호 식물들이 자라고 있는데, 따라서 '생물의 보물창고'라는 아름다운 명칭도 있다.

62

해석

　독일 철학가 칸트는 일찍이 이렇게 말했다. "세상에서 가장 사람을 경외하게 만드는 두 가지는 머리 위의 하늘과 마음속의 도덕률이다". 철학은 단지 두 가지 일을 하는 것에 지나지 않는다. 첫째는 머리 위의 하늘과 세계의 본성을 사고하는 것이고, 두 번째는 마음속의 도덕률과 사람됨으로 도리를 사고하는 것이다.

63

해석

영화 번역은 연기자의 입 모양과 언어 길이의 제한을 받는데, 설령 자막판이라도 원래 대화 길이를 너무 많이 초과해서는 안 되며, 더군다나 대화의 편리를 위해 대화 위치를 뒤바꾸어서는 안 되는데, 그렇지 않으면 대사 원문과 자막이 대응하지 못해 관중들에게 불편함을 가져오게 된다.

64

해석

한 심리학자는 학생들이 공부하도록 부추기는 기본 동기는 두 가지로 나뉜다고 생각한다. 한 가지는 사회 교제 동기이고, 다른 한 가지는 영예 동기이다. 전자는 학생들이 그가 좋아하는 선생님을 위해 열심히 공부하고, 따라서 선생님의 칭찬을 얻고 스승과 학생의 감정을 증진하는 등으로 나타난다. 후자는 학습을 통해 다른 사람의 자신에 대한 존중을 얻고, 타인의 긍정적인 평가 등을 얻는 것으로 나타난다.

65

해석

인터넷에서 유행하는 단어 佛系青年은 빠른 리듬의 도시 생활 속에서 평온하고 담담한 생활 방식을 추구하는 젊은이들을 가리킨다. 그들은 한 세트의 모든 것을 담담하게 보고, 많은 일에 대해 너무 지나치게 집착할 필요가 없는 佛系 이론을 세웠다. 사실 이런 생활 방식이 언제 젊은이들이 사회적 스트레스에서 조급함에 대처하는 일종의 기분 전환이 아니었던 적이 있는가?

66

해석

요즘은 제품의 감가상각 속도가 갈수록 빨라져서, 컴퓨터와 가전제품 등과 같은 과학기술 제품의 도태율이 매우 높아 쉽게 쓰레기로 변하게 된다. 이러한 쓰레기는 쉽게 처리하기 매우 어렵고 게다가 환경 파괴를 초래한다. 인류는 과학기술의 성과를 누림과 동시에, 어떻게 이러한 과학 기술 쓰레기를 처리하여 그것들을 폐품에서 보물로 변화시킬지 되돌아보아야 한다.

67

해석

亚丁 관광지구는 주로 仙乃日, 央迈勇, 夏诺多吉 3개의 영산 및 주위의 강, 호수 그리고 고원 습지로 이루어져 있는데, 그것의 경치는 지구상에서 거의 사라진 순수함을 유지하고 있다. 독특한 지형과 최초 생태계의 자연 풍경 때문에 '중국 샹그릴라의 혼'이라고 불리며, 많은 촬영 애호가들이 동경하는 곳이다.

68

해석

보도에 따르면, 베이징 지하철은 '혼잡도 지도'를 새로 내놓았다. 지하철 네트워크 지도에는 실시간으로 검은색, 빨간색, 노란색, 초록색 네 가지 색깔이 나타나고, 그것들은 각각 심각한 혼잡, 혼잡, 비교적 혼잡 그리고 쾌적함 네 가지 상태에 대응된다. 지하철 네트워크 지도는 더 많은 승객이 합리적으로 노선을 계획하고 자발적으로 러시아워 시간에 나가는 것을 피하는 것을 편리하게 할 것이다.

69

해석

색채를 사용해서 자신을 위장하는 것은 많은 동물의 '생존의 도리'이다. 예를 들어, 체형이 거대한 북극곰에 대해 말하자면, 기타 곰과 인류 밀렵자들은 그들이 직면한 가장 큰 위협이다. 그러나 그것은 온 몸에 눈처럼 하얀 모피를 갖고 있어서, 얼음과 눈의 세계와 한 몸으로 어우러져, 발견 당하는 것을 최대한 피할 수 있다.

70

해석

어떤 사교적 저능은 누군가 타인을 도울 때 자기 일을 대하는 것보다 더 신중한 것으로 드러난다. 그러나 그들은 감히 다른 사람을 귀찮게 하지 못하는데, 첫째로 사람에게 빚지는 것을 두려워하고, 둘째는 거절당하는 것을 두려워한다. 이런 행위는 점점 다른 사람을 돕는 것에 의지해서 우정을 유지하는 것으로 변화 발전하게 되고, 온종일 매우 조심스럽고, 수시로 친구와 감정이 틀어질까 걱정한다. 사실 이것 또한 EQ가 낮은 이유인데, 이런 사람은 진정한 우정을 얻기 어렵다.

✅ 第三部分 · 제3부분

71-75

해석

적지 않은 사람들은 흐리고 비가 올 때 기분이 다운되고, 햇빛이 찬란한 날에는 기분이 상쾌하다. 현대 의료 기상 연구자들은 이에 대해 과학적인 설명을 했다. 흐리고 비 오는 날씨가 사람의 정서에 영향을 주는 것은, 71·B 주로 흐리고 비 오는 날의 빛이 비교적 약하고, 인체에서 분비되는 송과선 호르몬이 비교적 많아 갑상선 호르몬과 아드레날린 분비 농도가 상대적으로 낮아지는 결과를 초래하고, 72·E 신체 신경 세포 또한 '게으름을 피워' 그다지 활발하지 않게 변해서 사람은 힘이 없게 변하게 된다. 일찍이 어느 지역에서 발생한 적이 있는 연속된 흐리고 비가 오는 날씨가 질질 끌며 멈추지 않자, 마지막에는 많은 사람이 우울증에 걸리는 현상을 초래했다. 73·C 이러한 우울증 환자들이 발병한 원인을 감안하여, 현지의 많은 치료 기구는 인조 햇빛 치료법을 창조적으로 사용했고, 이렇게 빛으로 우울증을 치료하는 방법은 치료 효과가 매우 뚜렷했다.

찌는 듯한 여름날, 많은 사람의 성격은 '조금만 건드려도 화가 나는' 상태로 변한다. 심리학 영역에서 한 재미있는 연구 화제는 바로 고온이 왜 사람들의 성격을 나쁘게 만드는지에 관한 것이다. 전문가들은 74·A 이것이 아마도 인체의 열에 대한 생리적 반응과 관계있다고 생각한다. 기온의 상승은 인체 심장 박동의 가속화, 테스토스테론 수준의 증가 및 기타 일부 대사 반응을 초래하고, 그것들은 교감 신경 계통을 자극하게 되는데, 75·D 이 신경 계통은 전투나 탈출 반응을 책임지고, 따라서 사람들은 성격이 나쁘게 되어 충돌이 발생할 가능성이 더욱 커지게 된다.

76-80

해석

중국 고대한자의 쓰는 습관은 현대와 매우 큰 차이가 있는데, 그들이 근거로 하는 것은 세로로 왼쪽으로부터 오른쪽으로 쓰는 순서이다. 76·E 이 순서의 기원은 당시의 쓰기 재료와 밀접한 관계가 있다.

종이가 발명되기 전, 옛사람들은 일찍이 대나무 편 위에 문자를 기록했는데, 재료의 무늬가 대부분 상하 방향이었기 때문에, 그래서 대나무 편은 일반적으로 모두 좁고 긴 막대기 모양이었다. 옛사람들이 책을 쓸 때는 일반적으로 왼손으로 대나무 편을 들고 오른손으로 글자를 썼다. 하나의 대나무 편을 다 쓰고 나면 순서에 따라 오른손 옆쪽에 두었다. 77·A 이러한 방식에 따라 놓은 대나무 편은 항상 다 쓴 첫 번째 편이 가장 오른쪽에 있고, 이후의 것은 순서에 따라 오른쪽에서 왼쪽으로 배열했다. 오랜 시간이 지나 고대 한자는 위에서 아래로, 오른쪽에서 왼쪽으로 쓰는 순서를 형성하게 되었다.

78·C 고대에 대나무 편으로 만든 책의 내용은 매우 광범위해서, 관청의 각종 공문서, 개인 편지, 각종 서적의 사본 등을 포함했으며, 그것들은 매우 높은 사료적 가치가 있을 뿐만 아니라, 매우 진귀한 서예 필사본이기도 하다. 일반적으로 말하면, 매 대나무 편에는 한 줄의 글자만 필사하고, 79·B 편에 쓰는 글자 수는 편의 길이에 의해 결정된다. 그 밖에 또 한 종류의 편이 있는데, 너비가 약 2cm 되고 매 편에 두 줄의 글자를 필사하고, 이런 편을 '两行'이라고 부른다.

대나무 편은 일반적으로 실이나 삼노끈으로 흩어진 편을 책으로 만드는데, 그러나 제작이 복잡하고, 게다가 쓸 수 있는 글자 수가 제한적이고 휴대가 불편하기 때문에, 80·D 그래서 후에 점점 종이에 대체되었다.

✅ 第四部分 · 제4부분

81-84

81

해석

1번 단락

接触、使用智能手机的幼儿占80.4%,

(스마트폰을 접촉하고 사용하는 유아는 80.4%를 차지하고,)

문제

그 조사에 관해 무엇을 알 수 있나?

정답

D 약 80%의 유아들이 휴대전화를 접촉한 적이 있다

82

해석

2번 단락

幼儿经常使用手机，不但容易造成语言发育迟
缓，还有可能影响其视力和大脑神经发育。

(유아가 자주 휴대전화를 사용하면, 쉽게 언어 발육의 지체를
초래할 뿐만 아니라, 시력과 대뇌 신경의 발육에도 영향을 끼
칠 것이다.)

문제

왜 휴대전화가 '아이를 해치는 도구'라고 말했나?

정답

D 아이들의 성장 발육에 이롭지 않다

83

해석

3번 단락

让孩子远离手机最好的方法是：父母尽量避免在
孩子面前使用手机。

(아이로 하여금 휴대전화에서 멀어지게 하는 가장 좋은 방법
은, 부모가 가능한 한 아이 앞에서 휴대전화를 사용하는 것을
피하는 것이다.)

문제

아이로 하여금 휴대전화와 거리를 유지하게 하기 위해 부모들
은 어떻게 해야 하나?

정답

A 스스로 모범을 보인다

84

해석

3번 단락

此外，应多带孩子参与集体活动和户外运动，

(이 외에, 아이를 데리고 단체활동과 야외활동에 많이 참여해
야 하고,)

문제

다음 중 어느 것이 글에서 언급한 것인가?

정답

B 아이를 데리고 많이 야외로 가서 활동해야 한다

85-88

85

해석

1번 단락

在嘈杂的室内环境如鸡尾酒会中，会同时存在许
多不同的声源：

(칵테일 파티와 같은 시끄러운 실내 환경에서는 많은 서로 다
른 소리가 동시에 존재하게 된다.)

문제

1번 단락의 줄 쳐진 부분 '这种声学环境'이 가리키는 것은 무
엇인가?

정답

B 시끄러운 환경

86

해석

2번 단락

鸡尾酒会效应是指人的一种听力选择能力，

(칵테일 파티 효과는 사람들의 일종의 청력 선택 능력을 가리
키는데,)

문제

칵테일 파티 효과에 관해 다음 중 어느 것이 옳은가?

정답

D 인류 청각의 특징을 구체적으로 드러냈다

87

해석

2번 단락

如果某一个频率段的声音比较强，那么人就对其他频率段的声音不敏感了。

(만약 어떤 주파수 구간의 소리가 비교적 강하다면, 그러면 사람은 기타 주파수 구간의 소리에 대해 민감하지 않게 된다.)

문제

사람 귀의 엄폐 효과에 관해 무엇을 알 수 있나?

정답

A 사람 귀는 오직 부분적인 소리에만 민감하다

88

해석

3번 단락

应用此原理，

(이 원리를 응용하여,)

문제

마지막 단락이 주로 이야기하는 것은:

정답

C 칵테일 파티 효과의 응용

89-92

89

해석

2번 단락

1561年，范钦退休还乡，因喜好读书而修建此楼。

(1561년, 판친은 퇴직하고 고향으로 돌아가서 책 읽는 것을 좋아했기 때문에 이 건물을 지었다.)

문제

天一阁에 관해 무엇을 알 수 있나?

정답

A 개인이 지었다

90

해석

3번 단락

在进行古本修复之前，首先要对文物存档。其次是无损检测，

(고서복원을 진행하기 전에, 먼저 문물에 대해 보존을 해야 한다. 두 번째로 손상 없이 검사 측정을 해야 하는데,)

문제

3번 단락이 주로 이야기하는 것은 무엇인가?

정답

B 고서복원의 과정

91

해석

3번 단락

"如果没有十足的把握，我就不会动手"。

("만약 충분한 자신이 없으면, 저는 손을 대지 않습니다.")

문제

왕진위는 복원 직업에 종사하며 무슨 원칙을 갖고 있나?

정답

C 자신이 없으면 복원하지 않는다

92

해석

2번 단락

数百年过去，天一阁如今馆藏古籍中约有40%因鼠噬、虫蛀、潮湿霉变或板结等原因而损毁，

(수백 년이 지나면서 天一阁는 요즘 소장된 고서 중 약 40%가 쥐가 갉아먹고, 좀먹고, 축축해서 곰팡이가 피거나 경화되는 등 원인으로 인해 훼손되었고,)

문제

위의 글에 근거하여, 다음 중 어느 것이 옳은가?

정답

D 天一阁의 일부 장서는 이미 훼손되었다

93-96

93

해석

1번 단락

他们不仅没有挖到刚玉矿石，反而欠下了很多外债，公司的经营状况变得岌岌可危。

(그들은 강옥광석을 파내지 못했을 뿐만 아니라, 오히려 많은 외채를 빚져서 회사의 경영 상황은 매우 위험하게 변했다.)

문제

1번 단락의 줄 쳐진 표현 '岌岌可危'의 뜻으로 가장 적절한 것은?

정답

B 매우 위험하다

94

해석

2번 단락

对于威廉的这个举动，公司很多人并不看好，甚至对"15%规则"冷嘲热讽。

(윌리엄의 이 행동에 대해 회사의 많은 사람은 잘 되리라 예측하지 않았고, 심지어 '15% 규칙'에 대해 차갑게 조소하고 신랄하게 풍자했다.)

문제

'15% 규칙'에 관해, 다음 중 옳은 것은?

정답

A 처음에는 잘 되리라 예측되지 않았다

95

해석

3번 단락

在威廉的带领下，实验室成果频出。

(윌리엄의 인솔하에, 실험실의 성과가 빈번하게 나타났다.)

一名员工自主研发了透明胶带。

(한 명의 직원이 자주적으로 투명 테이프를 연구 개발했다.)

这家公司已经生产了数以万计的创新产品，在医疗产品、高速公路安全产品、办公文教产品和光学产品等核心市场上都占据领导地位。

(이 회사는 이미 수만 개의 새로운 제품을 생산했고, 의료 제품, 고속도로 안전 제품, 사무와 문화 교육 제품, 그리고 광학 제품 등 핵심 시장에서 지도적인 지위를 차지했다.)

문제

그 회사에 관해 다음 중 어느 것이 틀렸나?

정답

C 처음 시작할 때는 가공형 기업이었다

96

해석

4번 단락

对于一家公司而言，员工的思想被禁锢是一件很可怕的事情。而这家企业恰恰相反，它鼓励创新，

(한 회사에 있어서, 직원의 사상이 구속당하는 것은 무서운 일이다. 하지만 이 기업은 전혀 반대로 창조를 격려하고,)

문제

다음 중 어느 것이 윌리엄의 관점인가?

정답

A 직원의 사상을 자유롭게 해주어야 한다

97-100

97

해석

1번 단락

于是有人想到通过减少膳食中的脂肪摄入来减肥。这就是"低脂饮食"的灵感来源。

(그래서 어떤 사람은 음식 속의 지방 섭취를 감소하는 것을 통해 다이어트를 하자고 생각했다. 이것이 바로 '저지방 음식'의 영감의 근원이다.)

문제

'저지방 음식'이 가리키는 것은?

정답

B 음식 속의 지방 섭취량을 감소시킨다

98

해석

2번 단락

人体三大基本营养要素碳水化合物、脂肪、蛋白质都可以为人体代谢和活动提供所需的能量。

(인체의 3대 기본 영양소인 탄수화물, 지방, 단백질은 모두 인체 대사와 활동을 위해 필요한 에너지를 제공한다.)

문제

3대 영양소에 관해 알 수 있는 것은?

정답

C 모두 에너지를 제공할 수 있다

99

해석

3번 단락

营养要素不仅要均衡，其来源也应是健康的。

(영양요소가 균형 잡혀야 할 뿐만 아니라, 그 출처도 건강한 것이어야 한다.)

문제

왜 지중해 지역 거주자들은 심혈관 질병의 발병률이 낮은가?

정답

A 음식 습관이 비교적 건강하다

100

해석

4번 단락

三种饮食方式均能起到减少体重的效果，

(세 가지 음식 방식은 모두 체중을 감소시키는 효과를 일으킬 수 있는데,)

문제

위의 글에 근거하여 다음 중 어느 것이 옳은가?

정답

D 세 가지 음식 방식은 모두 다이어트 효과가 있다

三、书写　　쓰기

101

해석

의외의 수확

　　한 체인 소매점은 브랜드의 영향력을 확대하기 위해 하나의 이벤트를 개최했다. 보급 동영상에서 사장은 고객이 자신의 컵을 들고 와서 음료를 사면, 컵이 얼마나 크든 관계없이 가격은 10위안이라고 말했다.

　　이 이벤트는 열띤 토론을 불러일으켰고, 사람들은 모두 10위안으로 더 많은 음료를 사려고 노력했다. 활동 당일, 모든 분점 입구에는 모두 여러 종류의 컵을 들고 줄을 서 있는 사람들이 있었다.

　　정오에 한 분점 입구에 한 젊은이가 나타났는데, 그는 초대형의 스테인리스 물통을 가지고 왔고, 또한 통에서 하나의 흡입관을 꺼냈는데, 그러나 그는 규칙을 어겼기에 직원은 저지하고 그에게 도구의 힘을 빌려서는 안 된다고 말했고, 젊은이는 미안하다고 말한 후 떠났다. 한 시간 후, 그는 또 비닐 호스를 들고 왔는데, 비닐 호스는 그중 한 쪽이 막혀 있었고 그는 30분 동안 40kg의 음료는 받고 마지막에 불평하는 소리 속에서 떠났다.

　　점장은 본점에 보고했고, 사장은 이 젊은이가 매우 마음에 들었다. 이 이벤트는 저녁까지 지속하였고, 소매점은 돈을 벌었을 뿐만 아니라, 이 상점의 브랜드를 더욱 사람들의 마음속에 깊이 남겼다.

　　사장은 후에 젊은이를 찾아냈는데, 알고 보니 그는 한 명의 대학생이었다. 사장은 그가 그렇게 많은 제약에서 방법을 생각해냈으니 반드시 힘든 국면에서 더 많은 음료를 팔 능력이 있을 것이라고 생각했다. 그래서 그에게 고용서류를 주었고 그를 졸업 후 영업부로 와서 출근하라고 초청했다. 이것 또한 이벤트의 하나의 의외의 수확이라고 할 수 있었다.